D1855256

Fröhliche Weihnachten im Taunus

14 Kurzgeschichten

editio[n] BVjA

Impressum

Besuchen Sie uns im Internet:

www.jungeautoren.org

TASCHENBUCHAUSGABE

1. Auflage November 2021

Alle Rechte vorbehalten.

Das Werk, einschließlich seiner Texte, ist urheberrechtlich geschützt. Jede Verwertung ist ohne Zustimmung des Verbandes unzulässig. Als Herausgeber für den Verband fungiert Sabrina Reulecke (Autorin Brina Stein). Dies gilt insbesondere für die elektronische oder sonstige Vervielfältigung. Übersetzung, Verbreitung und öffentliche Zugänglichmachung.

Umschlaggestaltung:

Christine Guba Hofmann

unter Verwendung der Quelle: vectorfusion-art#126385481-stock.adobe.com

Lektorat:

Hubert Quirbach

Buchsatz:

Tuschel-Verlag

Autorenfotos:

Jochen Haupt Film- und Fotodesign

Printed in EU

ISBN-Print: 978-9-403631-61-5

Die Deutsche Nationalbibliothek verzeichnet diese Publikation in der Deutschen Nationalbibliografie.

© Bundesverband junger Autoren und Autorinnen e.V.

BVjA e.V.
Postfach 200303
53133 Bonn

Inhaltsverzeichnis

Die so gekennzeichneten Geschichten sind zum Vorlesen geeignet!

Vorwort

von Nele Neuhaus

Liebe Leserinnen und Leser,

im März 2020 veränderte ein Virus von einem Tag auf den anderen die Welt. Plötzlich stand das öffentliche Leben still. Geschäfte, Gaststätten, Schulen, Theater und Hotels mussten schließen. Flugzeuge blieben am Boden und Veranstaltungen wurden abgesagt. Länder schlossen ihre Grenzen und schotteten sich ab, um der Verbreitung des Corona-Virus Einhalt zu gebieten, und dasselbe mussten die Menschen tun und auf soziale Kontakte verzichten.

Der Lockdown traf auch acht Autorinnen aus dem Taunus, die sich in der Regionalgruppe Taunus des Bundesverbandes der jungen Autorinnen und Autoren e.V. zusammengefunden haben und normalerweise regelmäßig treffen. Als im Herbst 2020 keine Treffen mehr möglich waren, kamen die Autorinnen aus Eppstein, Fischbach, Kelkheim, Liederbach und Eschborn bei einem virtuellen Treffen auf die Idee, die Zeit des Stillstands zu nutzen und gemeinsam eine Anthologie mit weihnachtlichen Kurzgeschichten zu verfassen, die – natürlich – in ihrer Heimat, dem Taunus, spielen sollten. Das Besondere an ihrem Buchprojekt: Sämtliche Einnahmen aus dem Verkauf der Weihnachts-Anthologie werden dem Verein Kelkheimer Waldjugend e.V. zugutekommen, denn der gemeinsame Nenner aller Geschichten ist schließlich der Taunus und seine Wälder.

Ich selbst lebe seit 1978 im Vordertaunus und die tiefe Verbundenheit zu meiner Heimat hat mich vor einigen Jahren dazu inspiriert, Kriminalromane zu schreiben, die im Taunus spielen. Diese schöne und oft unterschätzte Region in der Mitte Deutschlands wurde in der Literatur bis dahin eher stiefmütterlich behandelt, sehr zu Unrecht, wie ich finde. Daher freue ich mich umso mehr über *Fröhliche Weihnachten im Taunus*.

Ihnen, liebe Leserinnen und Leser, wünsche ich viel Vergnügen mit diesem Buch, mit dem Sie schon etwas Gutes getan haben, als Sie es gekauft haben. Lassen Sie sich bei der Lektüre der vierzehn zauberhaften und kurzweiligen Geschichten in die Vielfalt des weihnachtlichen Taunus entführen. Begleiten Sie Elias, den Schustersohn, ins Königstein des 19. Jahrhunderts. Folgen Sie Celine und Karl in den Zauberwald, erfahren Sie, was es mit Levi, dem lahmen Lämmchen, auf sich hat und welches Schicksal der Tannenbaum mit den zwei Spitzen hat.

Den Autorinnen der wunderbaren Geschichten gratuliere ich herzlich zu ihrem gelungenen Werk und ihrer großartigen Fantasie und wünsche ihnen weiterhin viel Inspiration und Freude beim Schreiben. Der Taunus-Weihnachts-Anthologie wünsche ich viele begeisterte Leserinnen und Leser!

Mit herzlichen Grüßen

Copyright: Gaby Gerster

Mickymaus-Bettwäsche und Weihnachten im Taunus

von Birgit Gröger

„Leon, kommst du bitte mal zu uns? Wir müssen etwas besprechen!“, ruft Mama aus der Küche. Oje, diesen Satz kennt Leon. Das hört sich nach Familienrat-Besprechung an, vor allem, wenn Papa auch dabei ist. *Was habe ich nur wieder ausgefressen*, überlegt Leon und kratzt sich am Hinterkopf. *Wahrscheinlich haben sie bemerkt, dass ich gestern wieder zu viel Zeit am Bildschirm verbracht habe. Und jetzt werden mal wieder neue Regeln aufgestellt.* Leon rechnet mit dem Schlimmsten!

„Immer diese blöden Besprechungen!“, brummelt er und schlurft widerwillig in die Küche. Mama und Papa sitzen am Tisch und zeigen auf den freien Stuhl.

„Setz dich, Leon!“, sagt Papa. „Wir müssen mit dir reden.“ Oh, das klingt gar nicht gut. Zögerlich setzt Leon sich. Viel lieber wäre er jetzt ganz woanders. Im Garten auf seinem Lieblingsbaum oder im Wald an der Fuchshöhle in Kelkheim-Hornau. Ja, sogar in der Schule würde er jetzt lieber sein! Papas *Wir-müssen-reden-Blick* und Mamas *Das-müssen-Papas-regeln-Blick* bedeutet meist eine sehr unangenehme Ankündigung. Leon liegt es auf der Zunge zu sagen: *Ja, ja. Ich weiß schon. Zu lange am Tablet gespielt*, als Papa beginnt:

„Ich muss bis Weihnachten auf eine Geschäftsreise ins Ausland und Mama möchte mich begleiten. An Heiligabend sind wir wieder zurück.“ Leon fällt ein Stein vom Herzen! Doch keine unangenehme *Du-spielst-zu-viel-Computer-Strafpredigt*.

„Kein Problem!“, antwortet er so lässig wie möglich. „Da kann ich ja so lange zu Fabian ziehen. Seine Eltern haben bestimmt nichts dagegen.“ Fabian hat in seinem Zimmer sogar einen Fernseher und eine superschnelle Internetverbindung für die Playstation. Alles, was man braucht. Insgeheim sieht Leon sich schon in Fabians Zimmer vor der Playstation sitzen. Fabians Eltern sind beide berufstätig und kümmern sich wenig um Fabians Bildschirmzeiten.

„Das geht leider nicht!“, durchbricht Papa Leons Gedanken. „Wir haben beschlossen, dass es am besten ist, wenn du so lange zu Tante Berta und Onkel Willi ziehst. Sie arbeiten nicht mehr, haben genug Zeit und – seit ihre erwachsenen Kinder ausgezogen sind – auch viel Platz in ihrem Haus.“

„Was?!“ Leon glaubt, sich verhört zu haben. „Zu Tante Berta und Onkel Willi? Niemals! Die sind ja schon so alt und total altmodisch außerdem. Und sie leben auf dem Land, völlig hinter dem Mond! Die haben ja noch nicht mal einen Computer! Die wissen ja noch nicht mal, was Internet ist! Und im Dorf gibt´s nur ein einziges, kleines Geschäft! Der nächste Elektronik-Fachmarkt ist eine halbe Weltreise entfernt!“ Leon spürt, wie das Blut in seinen Schläfen pocht und sein Gesicht ganz heiß geworden ist.

„Nun mach mal halblang!“, lacht Leons Vater. „Tante Berta und Onkel Willi leben nicht hinter dem Mond, sondern in Oberreifenberg. Das ist ein schöner kleiner Ort im Taunus.“ Leon ist außer sich. Wie können seine Eltern nur daran denken, dass er von Kelkheim zu Tante Berta und Onkel Willi nach Oberreifenberg ziehen soll. Noch dazu in den Weihnachtsferien, wenn alle seine Freunde entweder in den Skiurlaub fahren oder sich zum Computerspielen verabreden.

„Ausgeschlossen!“, sagt er bestimmt. „Ich werde mich zu Tode langweilen! Das geht überhaupt nicht!“ Aber jeglicher Protest nutzt nichts. Seine Eltern machen ihm unmissverständlich klar, dass er die Weihnachtsferien bei Tante Berta und Onkel Willi auf dem Land im Taunus verbringen muss.

„Manchmal ist altmodisch auch schön“, sagt Mama.

„Pah, nie und nimmer!“ Leon dreht sich erbost um und stapft wütend in sein Zimmer.

Am Abreisetag von Mama und Papa kommt Tante Berta mit ihrem Auto, um Leon abzuholen.

„An Heiligabend sind wir wieder zurück.“ Mama nimmt Leon zum Abschied fest in die Arme. „Du schaffst das schon!“, flüstert sie ihm ins Ohr.

„He Großer, mach uns keine Schande! Ich verlass mich auf dich!“ Papa hält ihm wie immer seine offene Hand zum Abklatschen entgegen. Leon klatscht dagegen, aber er schaut Papa nicht wie sonst dabei in die Augen, sondern dreht sich schnell um. Seine Augen füllen sich mit Tränen. Leon weiß selbst nicht, ob es Tränen der Wut sind, weil kein Weg daran vorbeiführt, die nächsten beiden Wochen in diesem verlassenen Nest im Taunus verbringen zu müssen oder ob es die Tatsache ist, dass er seine Eltern nun für eine längere Zeit nicht sehen wird. Und das ausgerechnet in der Vorweihnachtszeit, wenn es zu Hause immer so gemütlich ist und man so viel Zeit wie sonst nie zum Computerspielen hat.

Mama umarmt Tante Berta mit den Worten: „Wir wissen, dass unser Leon gut bei euch aufgehoben ist. Vielen Dank!“ Sie steigt mit Papa in das Taxi zum Flughafen. Leon winkt ihnen hinterher, bis es nicht mehr zu sehen ist.

„Hast du alles?“, fragt Tante Berta, als sie seinen Koffer im Auto verstaut.

Natürlich nicht!, möchte Leon antworten, *Aber ihr habt ja eh keinen Anschluss für meinen Computer oder für mein Tablet!* Und am liebsten würde er ihr auch sagen: *Außerdem habe ich überhaupt keine Lust, zu euch aufs Dorf zu kommen!* Aber höflich, wie er ja sein soll, sagt er nur „Ja“, schnappt sich seinen Rucksack und klettert widerwillig auf die Rückbank im Auto. Während der ganzen Fahrt spricht Leon kein Wort. Er schaut aus dem Fenster und sieht die weihnachtlich geschmückten Häuser von Kelkheim vorbeiziehen.

„Was? Weihnachtsferien auf einem Dorf im Taunus? Und noch dazu ohne Computer oder Tablet? Wie ätzend!“, hat Fabian gesagt, als Leon ihm davon berichtet hatte. „Wie hältst du das bloß aus?“ Die ganze Fahrt über muss Leon daran denken. Wie soll er das nur aushalten? Felder und Wiesen sausen an ihm vorüber. Nach einer Weile, die Leon wie eine Ewigkeit vorgekommen ist, tauchen die immer dichter werdenden Wälder des Taunus auf. Schon erkennt er das Ortsschild von Oberreifenberg. Bereits der Name klingt total altmodisch, findet Leon. Und dann noch die vielen altmodischen Fachwerkhäuser! Als kleiner Junge kam er gerne hierher. Da gefielen ihm die alten Häuser und er mochte es, mit Onkel Willi im Wald spazieren zu gehen und Rehe und Wildschweine zu beobachten. Natürlich aus sicherer Entfernung! Aber nun ist er ja nicht mehr klein. Immerhin ist er schon neun und hat ganz andere Interessen!

Es dämmert bereits, als sie über den Marktplatz von Oberreifenberg fahren. Der Himmel leuchtet in dunkelblauen und violetten Schattierungen. Auch der Mond ist schon als runder weißer Ball über dem Dorf zu sehen. In der Mitte des Platzes glitzern die unzähligen Lichter einer riesigen Tanne. Die Fachwerkhäuser um den Platz herum sehen besonders festlich aus mit ihrer weihnachtlichen Beleuchtung. So hat Leon das Dorf noch nie gesehen. Tante Berta lenkt den Wagen über den Platz eine schmale Straße bergauf. Endlich sind sie da. Leon erkennt ihr Haus am großen Holzbalkon. Auch dieser ist mit einer schimmernden Lichterkette geschmückt. Kaum hat Tante Berta angehalten, kommt auch schon Onkel Willi aus der Haustür. Er trägt eine weite, beige Cordhose und ein braunkariertes Hemd.

Als ich ihn das letzte Mal gesehen habe, hatte er noch viel mehr Haare auf dem Kopf, stellt Leon fest.

„Hallo Leon, lange nicht gesehen! Als wir uns das letzte Mal gesehen haben, hatte ich noch ein paar mehr

Haare auf dem Kopf“, lacht er. „Herzlich willkommen in Oberreifenberg! Groß bist du geworden!“

Immer die gleichen Sprüche, denkt Leon, gibt ihm aber höflich die Hand. „Hallo“, sagt er.

Onkel Willi holt Leons Koffer aus dem Kofferraum. „Na, dann will ich dir mal dein Zimmer zeigen.“ Leon folgt ihm die steile Treppe nach oben.

„Bitte schön, hier ist dein Reich!“ Onkel Willi führt Leon in ein großes Zimmer. „Es ist das Zimmer von Peter. Er ist ja schon lange ausgezogen und kommt nur noch gelegentlich zu Besuch. Die Bettwäsche war seine Lieblings-Bettwäsche. Tante Berta hat extra für dich das Bett damit bezogen. Hoffentlich gefällt sie dir auch. Wenn du fertig bist, kannst du zu uns in die Küche zum Abendbrotessen kommen.“

Als Leon allein ist, setzt er sich auf das Bett. *Mickymaus-Bettwäsche, wie altmodisch! So altmodisch wie alles hier!* Leon schaut sich im Zimmer um. Aus dunkelbraunem Holz gibt es einen Kleiderschrank, einen Schreibtisch, einen Stuhl, einen Tisch, ein Bücherregal mit verschiedenen Büchern sowie einen leuchtend gelben Sessel. „Einen Computer haben die immer noch nicht“, stellt er enttäuscht fest. „Hab ich‘s doch gewusst!“ Leon tritt ans Fenster und schaut hinaus. Mittlerweile ist es ganz dunkel. Der Mond steht hell leuchtend am Himmel. Unter ihm liegt das kleine Dorf, umgeben von dunklen Wäldern. In vielen Fenstern glitzern weihnachtliche Lichter. Der Kirchturm wird besonders hell angestrahlt. Auf der Spitze leuchtet ein Stern. Leon packt seinen Koffer aus und legt sein Handy, das er heimlich mitgenommen hat, unter seine Wäsche in den Schrank. Mama wollte nicht, dass er es mitnimmt.

„Eine Woche ohne elektronische Geräte wird dir guttun!", hatte sie gemeint. Aber alles lässt sich Leon doch nicht verbieten! Er hat keine Lust, mit Tante Berta und Onkel Willi zu Abend zu essen. Mit knurrendem Magen legt er sich aufs Bett und starrt an die weiße Decke. Da klopft es an der Tür. Tante Berta bringt ein Tablett mit duftendem Kakao und Broten, belegt mit Käse und Wurst, herein.

„Du bist bestimmt hungrig und müde", sagt sie. „Wenn du möchtest, kannst du hier essen. Das Bad ist gegenüber. Wir schlafen nebenan. Gib Bescheid, wenn du noch etwas brauchst." Sie stellt das Tablett auf den Schreibtisch und ist auch schon wieder draußen. Leons Magen knurrt laut, als er die leckeren Brote sieht. Nun bemerkt er, wie hungrig er doch ist und macht sich gierig über die Brote her. Auch der Kakao schmeckt sehr köstlich. Dann zieht er seinen Schlafanzug an, geht ins Bad, putzt sich die Zähne und legt sich ins Bett mit der altmodischen, blauen Mickymaus-Bettwäsche. Er fröstelt und fühlt sich entsetzlich einsam. Wie konnten ihm Mama und Papa das nur antun? Zu Hause in Kelkheim hätte er wenigstens sein eigenes Bett ohne diese altmodische Mickymaus-Bettwäsche, sondern mit Star-Wars-Motiven. Und er hätte seinen Laptop gegen die unendlich lange und langweilige Zeit, die ihm nun bevorstehen wird. Er holt sich sein Kuscheltier aus dem Rucksack. Auch das hat er heimlich eingepackt. Eigentlich findet Leon sich ja schon zu alt für Kuscheltiere. Aber wenn es ihm so geht wie heute Abend, dann hilft ihm die weiße

Maus mit den großen, schwarzen Ohren doch noch, sich nicht ganz so verlassen zu fühlen. Fabian würde er dies natürlich nicht erzählen. Warum auch? Müde und erschöpft schläft Leon schließlich mit der Maus in seinen Armen ein.

Am nächsten Morgen wird Leon von einem lauten Klopfen geweckt. Er läuft ans Fenster und sieht Onkel Willi Holz hacken. Leon beschließt, in die Küche zu gehen. Tante Berta deckt gerade den Frühstückstisch. Es riecht nach frisch gebackenen Brötchen und Croissants. In der Ecke prasselt das Feuer im Kamin. Onkel Willi klopft seine Schuhe ab, kommt herein und legt einige Holzscheite nach.

„Heute ist Schnee gemeldet“, sagt er, „es ist schon jetzt sehr kalt.“ Als er Leon erblickt, fügt er hinzu: „Guten Morgen, Leon! Ich hoffe, du hast gut geschlafen! Ich muss heute die Krippe ein wenig aufarbeiten und könnte eine helfende Hand gebrauchen. Hast du Lust, nachher mit in die Werkstatt zu kommen?“

„Mal sehen“, antwortet Leon.

„Hier ist dein Kakao.“ Tante Berta lächelt freundlich und stellt ihm wieder eine duftende Tasse davon vor die Nase. Leon probiert und stellt fest: „Er schmeckt total lecker. Irgendwie anders als zu Hause. Besser!“

„Die Milch ist ja auch von Olga“, erklärt Tante Berta, „ganz frisch!“

„Olga?“, Leon sieht sich fragend um.

„Olga ist die Kuh vom Nachbarn“, lacht Onkel Willi, „Mir schmeckt der Kakao von Olgas frisch gemolkener

Milch auch am besten. Du musst das Croissant eintauchen, dann schmeckts noch besser!"

Noch nie hat Leon frisch gemolkene Milch getrunken. Und noch nie haben ihm ein Kakao und ein Croissant so lecker geschmeckt. Nach dem Frühstück geht Leon mit Onkel Willi über den Hof in die Werkstatt. Auf der Werkbank steht eine wunderschöne Weihnachtskrippe aus dunkelbraunem Holz.

„Die habe ich gebaut, als Peter und Brigitte noch ganz klein waren", erklärt er. „Jetzt ist sie schon etwas in die Jahre gekommen und braucht eine kleine Verjüngungskur." Sie hämmern, nageln, raspeln und vergessen ganz die Zeit. Da wird ein Zaunstück repariert, die Heuraufe wieder befestigt, das Dach ausgebessert...

Nach einer Weile kommt Tante Berta herein. „Deine Eltern sind am Telefon, Leon. Sie möchten dich kurz sprechen." Leon nimmt das Telefon entgegen. Er hört Mamas Stimme:

„Hallo Leon, wir möchten dir nur kurz berichten, dass wir gut angekommen sind und es uns hier sehr gut gefällt. Und wie geht es dir?

„Okay!", antwortet Leon. „Geht so."

„Hoffentlich langweilst du dich nicht zu sehr!", meint Mama.

„Ist schon okay!", antwortet Leon.

„Na dann, machs gut!"

„Du auch!"

Den ganzen Tag verbringt Leon mit Onkel Willi in der Werkstatt. Sogar das Essen hat Tante Berta dorthin gebracht. Am Abend ist das Krippenhaus wie neu.

„Jetzt müssen wir nur noch frisches Moos und etwas Reisig aus dem Wald holen“, stellt Onkel Willi fest. „Das machen wir morgen früh. Dann können wir die Krippe schon aufstellen und einräumen.“ Leon kann es kaum erwarten, Maria, Josef, Hirten und Schafe hineinzustellen. Wie ein echtes, kleines Holzhaus sieht das Krippenhaus aus.

Zufrieden nimmt er im Bett seine Kuschelmaus in den Arm und schläft in der Mickymaus-Bettwäsche bald ein.

Am nächsten Morgen weiß Leon nicht, ob er vom Läuten der Kirchenglocken oder dem Krähen des Hahns wach geworden ist. Schnell zieht er sich an. Als er in die Küche kommt, sagt Tante Berta: „Heute gibt es ein frisches Taunus-Ei. Esmeralda hat mit ihren Kolleginnen kräftig gelegt. Iss, bevor es kalt wird!“

Wieder prasselt der Kamin und verbreitet eine wohlige Wärme. Leon genießt das frisch gelegte, hart gekochte Ei von der Henne Esmeralda und taucht sein Croissant in den Kakao von Olgas Milch. Hm, das ist ein Frühstück! Er kann es kaum erwarten, mit Onkel Willi in den Wald zu gehen, um Material für die Krippe zu holen.

Endlich gehen sie los. Sie suchen frisches Moos und kleine, dünne Reisigäste. Plötzlich fasst Onkel Willi Leon am Arm. „Psst“, sagt er und zeigt in das Dickicht. Nur wenige Schritte von ihnen entfernt äsen zwei Rehe. Fast gleichzeitig haben auch sie die Menschen entdeckt und blicken sie an. Leon wagt kaum zu atmen. So nah hat er Rehe noch nie in freier Wildbahn gesehen. Die Rehe wenden sich langsam ab und laufen in die andere Richtung davon. Es hat angefangen zu schneien. Wie ein weißer Flaum legen sich die Flocken über die Bäume, die

Erde und die ganze Taunus-Landschaft. Die Welt erscheint ganz still, irgendwie verzaubert wie in einem Märchenfilm. Einige Schritte weiter zeigt Onkel Willi auf den Wegrand.

„Schau mal, da haben die Wildschweine heute Nacht nach Futter gegraben. Der ganze Wegrand ist aufgewühlt.“ Leon erschrickt. „Sind die nicht gefährlich?“ „Ach wo“, meint Onkel Willi. Die verstecken sich hier im Wald und sind froh, wenn wir sie in Ruhe lassen.“

Durchgefroren kommen Onkel Willi und Leon nach Hause. Onkel Willi legt einige Holzscheite in den Kamin und Leon hält seine kalten Finger über das wärmende Feuer.

„Wir haben Rehe und Wildschweine gesehen“, erzählt er Tante Berta.

„Oh, Wildschweine! Sind die nicht gefährlich?“, Tante Berta schaut erstaunt auf.

„Na ja, eigentlich haben wir nur ihre Spuren gesehen. Da, wo sie heute Nacht nach Futter gesucht haben, weißt du? Und außerdem verstecken die sich vor uns und sind froh, wenn wir sie in Ruhe lassen!“

„Da bin ich aber beruhigt“, meint Tante Berta.

Nach dem Mittagessen stellen Leon und Onkel Willi das Krippenhaus ins Wohnzimmer auf einen kleinen Tisch. Auf das Dach legen sie frisches Moos, auf den Heuboden frisches Heu, vor das Haus kleine Äste und Reisig. Alles sieht sehr echt aus. Leon stellt kleine Bäume, Büsche, Hirten und Schafe hinter den Zaun. Auch ein Reh entdeckt er und stellt es davor. Der Ochse wartet neben der Futterkrippe. Maria und Josef und der Esel sind auf dem Weg zum Stall.

„Das Jesuskind wird erst zur Geburt am Heiligen Abend in die Krippe gelegt“, sagt Tante Berta. Leon legt aber schon mal frisches Moos hinein.

„Damit es nicht so hart liegen muss“, sagt er. Stolz betrachtet er das Krippenhaus, das er mit Onkel Willi gemeinsam so schön auf Vordermann gebracht hat.

Am Abend ruft Leons Vater an:

„Na, Sportsfreund, alles okay?“

„Alles okay“, antwortet Leon.

„Langweilst du dich sehr?“, fragt Papa.

„Geht so“, antwortet Leon.

Einige Tage später besucht Leon mit Onkel Willi und Tante Berta den Weihnachtsmarkt in Oberreifenberg. Alles sieht sehr festlich aus. Überall glitzert und funkelt es. Stimmungsvolle Weihnachtsmusik ertönt aus den Lautsprechern. Es riecht lecker nach Weihnachtspunsch und frisch gebackenen Waffeln. In vielen kleinen Holzhäusern werden Spielsachen, Kuscheltiere, Weihnachtskugeln oder selbst gebastelte Sachen zum Kauf angeboten. *Wie auf den Kelkheimer Weihnachtsmärkten und doch ein wenig anders*, denkt Leon. An einem Stand mit Krippenfiguren entdeckt er ein kleines Schäfchen und kann seine Augen nicht davonlassen. Onkel Willi nimmt es in die Hand: „Ich glaube, das würde gut in unsere Herde passen! Was meinst du, Leon?“

„Oh ja, das glaube ich auch!“ Leon strahlt. „Danke, Onkel Willi!“

„Jetzt brauchen wir aber auch noch einen weiteren Hirtenhund“, meint Tante Berta, „schließlich muss die große Herde gut bewacht werden!“ Leon sucht noch einen braun-weiß gefleckten Hirtenhund aus und steckt ihn, nachdem Tante Berta bezahlt hat, zusammen mit dem kleinen Schaf tief in seine Jackentasche. Er kann es kaum erwarten, die Tiere zu den anderen am Krippenhaus zu stellen. Eine Blaskapelle spielt *Fröhliche Weihnacht überall.* Es beginnt wieder zu schneien. Immer dickere Flocken fallen auf den Weihnachtsmarkt und legen sich wie weißer Zuckerguss auf die Dächer der Markthäuschen.

„Ein perfekter Weihnachtsmarkt-Tag“, meint Tante Berta, als sie alle einen heißen Punsch schlürfen. Leon natürlich ohne Alkohol.

Zu Hause angekommen, stellt Leon gleich das Schäfchen und den Hirtenhund zur Schafherde an der Krippe. „Pass gut auf deine Herde auf!“, flüstert er. Leon ist glücklich.

Am nächsten Tag ist Plätzchen-Backtag. Zusammen mit Tante Berta steht Leon in der Küche und knetet, mehlt und walzt den Teig. Er sticht Sterne, Tannenbäume und Rentiere aus. Ein Blech nach dem anderen schieben sie in den Backofen. So viele unterschiedliche Plätzchen hat Leon noch nie gesehen. Bei Mama zu Hause muss es immer schnell gehen und unkompliziert sein. Aber Tante Berta ist eine richtige Plätzchen-Backkünstlerin. Sie hat immer wieder neue Ideen. Mal mit Nüssen, mal mit Schokolade, mal mit kleinen bunten Zuckerperlen oder Marzipan. Zwischendurch kommt Onkel Willi in die Küche und nascht.

„Hm, das duftet aber fein!“ Bis ihm Tante Berta auf die Finger klopft.

„Wir wollen auch an Weihnachten noch welche haben!“, tadelt sie ihn.

Am Abend kuschelt sich Leon in sein Mickymaus-Bett und genießt noch immer den leckeren Duft der selbstgebackenen Plätzchen, der das ganze Haus durchzieht, ehe er zufrieden einschläft.

Auch die weiteren Tage verbringt Leon damit, Vorbereitungen für das Weihnachtsfest zu treffen. Mit Onkel Willi schlägt er im Wald einen Weihnachtsbaum und baut ein neues hölzernes Vogelhaus. Mit Tante Berta bastelt er kleine Geschenke für seine Eltern und Sternenanhänger aus Stroh für den Weihnachtsbaum. Er holt die frisch gelegten Eier von Esmeralda aus dem Hühnerstall und besucht die Kuh Olga im Stall der Nachbarn. Vorsichtig streicht er ihr über die Nase und sagt: „Deine Milch schmeckt so lecker, Olga. Die werde ich echt vermissen, wenn ich nicht mehr hier bin!“

Langsam rückt Weihnachten näher. Leon freut sich sehr darauf und ist den ganzen Tag beschäftigt. Hoffentlich werden die selbstgebastelten Geschenke rechtzeitig fertig! Als seine Eltern anrufen, sagt er:

„Mir gehts gut. Aber ich habe keine Zeit, lange mit euch zu reden. Möchtet ihr Tante Berta sprechen?“

„Ist es nicht schrecklich langweilig für dich?“, fragt Mama.

„Nö, ist schon in Ordnung“, erwidert Leon, „macht euch keine Sorgen!“

Auch Fabian ruft ihn einmal über das Festnetz an: „Na, langweilst du dich in diesem Kuhdorf schon zu Tode?“, fragt er.

„Es geht eigentlich“, antwortet Leon, „habs mir schlimmer vorgestellt! Übrigens, die Kuh wohnt nebenan und heißt Olga.“

„Hä? Gibts da wirklich eine Kuh?“

„Erzähle ich dir zu Hause.“

„Wenn du wieder in Kelkheim bist, musst du dich unbedingt melden! Hab ein neues Spiel auf meiner Playstation. Ist voll cool!“, meint Fabian.

„Okay“, antwortet Leon, „muss jetzt aufhören. Mein Onkel braucht mich.“ Onkel Willi wartet schon im Garten auf ihn, um das Vogelhaus in die alte Eiche zu hängen. Dann füllen sie Körner hinein und beobachten aus einiger Entfernung, wie die ersten Meisen heranfliegen und von einer Amsel kreischend vertrieben werden.

Die letzten Tage vor Weihnachten vergehen wie im Flug.

Am Vorabend des Heiligen Abends behängt Leon mit Onkel Willi und Tante Berta den Weihnachtsbaum. Zu Hause durfte er dabei nie mithelfen. Das machten seine Eltern immer allein. Oder sie sagten, das mache das Christkind allein.

„Rote und goldene Kugeln, das ist bei uns schon immer so“, sagt Tante Berta. „Dazwischen werden Schokoladenanhänger und selbstgebastelte Strohsterne gehängt. Einige sind noch von Peter und Brigitte, als sie noch klein waren. Die Kerzen sind aus echtem, duftendem Bienenwachs.“

„Da sind wir altmodisch“, lacht Onkel Willi, „wie in so vielem anderem auch.“

„Manchmal ist altmodisch auch schön!“, entgegnet Leon und riecht an einer fein duftenden Kerze. Er bestaunt den fertig geschmückten, riesigen Weihnachtsbaum, den er selbst mit Onkel Willi im Wald ausgesucht und geschlagen hat. Leon freut sich sehr auf den morgigen Heiligen Abend. Besonders natürlich, weil seine Eltern dann wiederkommen. Am Abend bastelt er seine Geschenke für Mama, Papa, Onkel Willi und Tante Berta fertig. Völlig erschöpft, aber zufrieden kuschelt er sich in sein Mickymaus-Bett und fällt bald in einen tiefen Schlaf.

Am Morgen des Heiligen Abends packt Leon seine Geschenke noch mit rotem Weihnachtpapier und einer goldenen Schleife ein und legt sie unter den Weihnachtsbaum. Dann reicht ihm Tante Berta das Jesuskind.

„Nun darf es in die Futterkrippe“, sagt sie. Leon legt es behutsam auf das Moos. „Das ist weicher als Stroh“, findet er.

„Nun bist du geboren und alles wird gut!“, flüstert er. Er stellt Maria und Josef, Ochs und Esel daneben und spürt ein angenehmes Kribbeln im Bauch. Anschließend wird das Wohnzimmer bis zur Bescherung nach der Christmette abgeschlossen. Im ganzen Haus duftet es noch immer nach den Weihnachtplätzchen. Ein wunderbarer Zauber liegt in der Luft.

Endlich kommen Mama und Papa. Als das Auto vorfährt, rennt ihnen Leon freudestrahlend entgegen und begrüßt sie stürmisch beim Aussteigen.

„Ich muss euch gleich das Vogelhaus im Garten zeigen! Das hab ich mit Onkel Willi selbst gebaut! Aber wenn ihr erst das Krippenhaus seht ...!“, verkündet er aufgeregt. „Das hab ich mit Onkel Willi wieder renoviert!“

„Langsam, langsam, Sportsfreund! Lass uns erst mal ankommen!“, lacht Papa und hält ihm die Hand zum Abklatschen entgegen. Leon klatscht freudig dagegen und fällt seiner Mama in die Arme.

„Wisst ihr was? Wir müssen unbedingt noch einige Tage bleiben, damit ich euch Olga und Esmeralda vorstellen kann. Und ich muss euch die Stellen im Wald zeigen, wo wir die Rehe entdeckt haben und wo wir den Baum geschlagen haben und wo die Wildschweine gebuddelt haben. Und ihr müsst unbedingt die leckere Milch von Olga probieren und natürlich die Plätzchen, die ich mit Tante Berta gebacken habe!“ Leon ist ganz hibbelig.

Am Abend gehen sie alle gemeinsam in die Christmette, Leon, seine Eltern, Tante Berta und Onkel Willi und viele andere Dorfbewohner. In der Kirche sitzt Leon zwischen Mama und Papa. Er ergreift von beiden eine Hand und drückt sie ganz fest. Wieder fühlt er das angenehme Kribbeln im Bauch. Er ist so glücklich. Noch nie fand er eine Christmette so feierlich und geheimnisvoll. Als sie am Ende alle zusammen *Oh du fröhliche, oh du selige, gnadenbringende Weihnachtszeit* singen, spürt er es wieder, das angenehme Kribbeln im Bauch. Auf dem Nachhauseweg schaut Leon in den Himmel. Die Sterne funkeln in der eisigen Nacht. Leuchtet da nicht ein Stern besonders hell?

So muss es gewesen sein, als Jesus auf die Welt gekommen ist, denkt Leon.

Gemeinsam verbringen sie einen wunderschönen Abend mit Bescherung und leckerem Essen, das Tante Berta vorbereitet hatte. Sie erzählen und lachen bis spät in die Nacht. Glücklich kuschelt sich Leon an diesem Abend in seine Mickymaus-Bettwäsche und schläft zufrieden und erschöpft ein.

Einige Tage später, beim Packen, findet Leon sein Handy. Ganz hinten im Schrank unter seiner Wäsche. „Das hab ich ja ganz vergessen“, murmelt er und packt es in seinen Rucksack.

„Das war die schönste Weihnachtszeit, die ich je erlebt habe“, schwärmt Leon beim Abschied von Tante Berta und Onkel Willi, „und nächstes Jahr komme ich bestimmt wieder zu euch in den Taunus! Und dann will ich wieder in der Mickymaus-Bettwäsche schlafen!“ Onkel Willi lacht.

„Du kannst uns jederzeit besuchen kommen, Leon. Dann machen wir auch einmal einen Ausflug auf unsere Burg und ich erzähle dir von den Burgherren und Rittern von Reifenberg, die dort gelebt haben. Das wird dir bestimmt auch gefallen.“

„Ich hab noch was für dich.“ Tante Berta überreicht ihm eine Stofftasche. Neugierig schaut Leon hinein und entdeckt Eier und eine Flasche Milch. „Du weißt schon, von wem das ist“, sagt sie und zwinkert ihm zu.

Wunder gibt es immer wieder

von Connie Albers

Traurig blickte Levi den Lämmern nach, die mit wilden Bocksprüngen über die Weide tollten, sich gegenseitig schubsten und übermütig vor Freude blökten. Immer wieder hatte er versucht aufzustehen und es ihnen gleichzutun, sein verkürztes Bein ließ es jedoch nicht zu. Er hatte einfach zu wenig Kraft.

Den ganzen Frühling und den Sommer über verbrachte er dicht neben seiner Mutter Linnea auf einer saftigen Weide im Hochtaunus. Linnea ließ ihren Sohn nicht aus den Augen. Zu gefährlich wäre es für ein kleines Lamm gewesen, das nicht richtig laufen konnte. Schutzlos, ohne weglaufen zu können, wäre es eine leichte Beute für Raubtiere. So verbrachten die beiden, das helle Mutterschaf und ihr kleines rabenschwarzes Lamm, die meiste Zeit dösend und grasend auf ihrem Lieblingsplatz auf den Taunushöhen. Sehnsüchtig schauten sie den anderen Schafen zu, die graskauend im Morgenlicht über die weitläufige Weide zogen, um dann am Abend heimzukehren zu dem nächtlichen Schutz in ihrem Unterstand.

Langsam wurde es Herbst und die Tage wurden kühler. Einige Male hatte Benno, der alte Schäfer, Levi schon sehr nachdenklich angeschaut. Was sollte nur aus ihm werden? Er konnte doch unmöglich ein ganzes Schafbockleben lang neben seiner Mutter herhumpeln. Das gehörte sich doch nicht! Die Schafböcke wurden normalerweise mit drei oder vier Monaten von ihrer Mutter getrennt und zu einer anderen Herde verbracht, wo sie gemeinsam Landschaftspflege betreiben durften.

Dieser kleine Bock war längst überfällig. Zu groß, um bei der Mutter zu bleiben und zu klein und schutzbedürftig, um mit den gesunden Böcken umherzuziehen. Der Schäfer seufzte von Zeit zu Zeit tief auf, denn er hatte den kleinen schwarzen Kerl in sein Herz geschlossen. Nun wusste er keinen Rat mehr. Gewiss würde Levi einen schmackhaften Lammbraten abgeben. Bei diesem Gedanken schüttelte es ihn. Sein Levi, verspeist, am Ende als Weihnachtsbraten? Unvorstellbar für den gutmütigen, alten Benno.

Die Tage wurden immer kürzer, bald würde der erste Schnee fallen. Levi und Linnea kuschelten sich eng aneinander und wärmten sich gegenseitig. Linnea liebte ihren Sohn innig, der so unbeholfen, doch stets gut gelaunt, neben ihr herhumpelte. Wenn seine Kraft, die immer nur für ein paar Schritte reichte, nachließ, ließ er sich einfach neben Linnea ins Gras plumpsen. Dann stupste sie ihn liebevoll an, so als wollte sie sagen „Auch wenn du anders bist als die anderen Lämmer, habe ich dich doch ganz besonders lieb.“ Ja, und tatsächlich ging von Levi etwas Besonderes aus. So etwas Stilles, fast Weises, so als hätte er schon unzählig viele Leben auf der Erde verbracht. In seinen dunklen, funkelnden Augen schien sich die Weisheit der ganzen Welt zu spiegeln. Nie beklagte er sich, nie hörte man ihn jammern, immer wieder übte er geduldig das Aufstehen, an jedem neuen Tag, an dem die Sonne aufging. Nie gab er auf, obwohl er jedes Mal nach einigen Metern wieder kraftlos ins Gras zurückfiel.

Der erste Schnee war bereits gefallen. Schäfer Benno hatte den Stall mit Tannenzweigen und Lichtern geschmückt. Bald kamen die Kinder mit ihren Eltern aus dem Dorf herauf zur Weide, um die Geschichte zu hören, die der Alte ihnen jedes Jahr inmitten der Schafherde erzählte. Diese Geschichte, die sich über zweitausend Jahre zuvor abgespielt hatte und die allen wohlbekannt war. Die Geschichte vom kleinen Jesus, der auch in einem Stall auf die Welt gekommen war. Damals, als seine Mutter und sein Vater ihr Zuhause verlassen mussten, um sich in einer fremden Stadt anzumelden. Damals, als nicht einmal mehr ein Mauseloch frei war für die beiden. Damals, als Maria sich auch kaum noch auf den Beinen halten konnte, weil die Geburt ihres ersten Kindes bevorstand.

Wie jedes Jahr lauschten die Kinder mit roten Backen der Weihnachtsgeschichte, aßen Zimtsterne und Buttergebäck und tranken dampfend heißen Kakao. Doch dieses Mal war etwas anders. Ein neues kleines Schaf war hinzugekommen. Ganz sanft und still lag es vor der Krippe, in der das Jesuskind schlief. Das Jesuskind war in Wirklichkeit die Puppe Lisa und gehörte der blonden Mareike. Sie hatte einen weichen Körper mit Schlenkerarmen und -beinen und war beinahe so groß wie ein neugeborenes Baby. Sie konnte sogar mit den Augendeckeln klappern. Josef und Maria wurden von den Geschwistern Lukas und Kathrin gespielt. Man konnte ihnen ansehen, wie sehr sie sich über ihre Rollen freuten. Sogar einen Engel hatten sie organisiert. Der stand mit seinem blonden Lockenschopf direkt hinter den beiden und schaute sehr erhaben drein. Es war der lange Fredi, der Sohn des Lehrers.

Benno stützte sich auf seinen knorrigen Schäferstab, den er vor vielen Jahren geschnitzt hatte. Er stand nah am Feuer und erzählte den Kindern die altbekannte Geschichte.

Als er an die Stelle kam, wo der kleinste Hirte ausrief „Seht mal, da liegt ja ein Kind in der Futterkrippe!“, bemerkte er mit einem Mal den Stern, der leuchtend hell über dem Schafstall aufgegangen war. *Genau wie damals*, dachte er gerührt und konnte nicht verhindern, dass seine Stimme heiser wurde. Genauso war nämlich der Stern über dem Stall von Bethlehem stehen geblieben. In diesem Moment fiel der helle Strahl auf das kleine Lamm, das wie ein Hund, der seinem Herrn zu Füßen lag, vor der Krippe im Stroh kauerte.

Als nun der Schein des Sterns auf den Rücken des Lämmchens fiel, sein steifes Hüftgelenk und sein verkürztes Bein in helles Licht tauchte, da schien es, als komme Leben in das kleine Tier.

Der alte Schäfer erstarrte und traute seinen Augen nicht. Levi, der sich bis dahin nur mühsam aufrappeln konnte, um dann nach ein paar Schritten erschöpft zusammenzubrechen, richtete sich plötzlich blitzschnell auf und stellte sich auf seine vier Beine, die wie durch ein Wunder gleich lang waren. Er machte einen lustigen Satz und drehte sich ein paarmal um sich selbst, als wolle er seinen Schwanz fangen und hüpfte dabei so fröhlich, als hätte er nie etwas anderes getan. Seine Mutter Linnea, die wie immer ganz in seiner Nähe geblieben war, lief zu ihm hin und beleckte und beschnupperte ihren kleinen Sohn, gerade so, als sei er neu geboren worden.

Den Kindern und selbst den Erwachsenen blieb der Mund offenstehen.

Tief berührt begannen sie zu singen. Levi und Linnea stimmten kräftig blökend und freudig in den Gesang der Kinder und Eltern mit ein:

„Heute ist uns der Heiland geboren!"

Und der hartgesottene Schäfer Benno, den bis dahin so leicht nichts hatte umwerfen können, schluckte an seinen Tränen, die ihm im Halse steckten.

Kaum hörbar für die anderen fügte er hinzu: „Heute ist ein Wunder geschehen! Unser Lamm ist gesund geworden. Ehre sei Gott in der Höhe!"

Oh – Tannenbaum!

von Brina Stein

Es war der 23. Dezember 1962 und noch immer stand ich in der Ecke in der Eppsteiner Gärtnerei. Zugegeben, ich war ein wenig mickrig, nicht ganz gerade und dicht gewachsen. Was mich aber von jedem anderen Tannenbaum auf dieser Welt unterschied, war, dass ich zwei Baumspitzen hatte. Mein Topf, in den der Förster mich im Wald hineingepflanzt hatte, war herrlich türkis, was ein wenig an die Südsee erinnerte. Warum mich vor einigen Wochen der Förster mitgenommen hatte, wusste ich allerdings nicht genau. Ich glaube, er hatte Mitleid mit mir, dass ich in meinem Zustand den doch oft rauen Winter im Wald nicht überleben würde. Aus dem Taunus ging es direkt in die Gärtnerei, die sich ein Stück außerhalb der Stadt Eppstein befand. Hier wartete ich nun Woche um Woche und hoffte, dass mich vor Weihnachten noch jemand kaufen würde. Nur zu gern wollte ich den Heiligen Abend hübsch geschmückt in einem gemütlichen Wohnzimmer verbringen. Kleine Kerzen und Kugeln könnte man schon an mich hängen und wenn der Käufer mich auf einen kleinen Hocker stellen würde, dann könnten auch Geschenke unter mir dekoriert werden.

Spät am Nachmittag betrat eine junge, dunkelhaarige Frau den Verkaufsraum der Gärtnerei. Sie sagte der Verkäuferin, dass sie in diesem Jahr das erste Weihnachtsfest im eigenen Heim mit ihrem Mann verbringen würde und dafür noch einen Weihnachtsbaum bräuchte. Ihr wurden einige schöne Tannen gezeigt, doch sie schüttelte immer wieder den Kopf, denn sie habe nur eine ganz kleine Wohnung in der Hintergasse im Dachgeschoss eines schönen Fachwerkhauses. Die Tannen wären allesamt viel zu groß und auch zu hoch für ihr Wohnzimmer. Schließlich steuerte die Verkäuferin auf mich zu und ich versuchte so würdevoll auszusehen, wie es eben ging.

„Der ist ja süß“, entfuhr es der Frau. „Passt genau in die Ecke auf den Hocker und ich habe sowieso nur kleine Kugeln. Da muss ich keine neuen kaufen, sie wissen ja, das liebe Geld in dieser Zeit. Und durch den tollen Topf bleibt mir auch die Anschaffung eines Christbaumständers erspart.“ Ich war süß? Das freute mich. Ich hörte schon die Engel im Himmel singen. Die Verkäuferin hob mich hoch und schlug meinen Topf mit ein wenig Papier zum Schutz ein. Rasch bezahlte die Frau und verließ mit mir auf dem Arm den Laden. Sie steuerte eilig auf die Eingangsstraße zur Altstadt zu. Ich sah eine Burgruine, die sich über den vielen, wunderschönen Fachwerkhäusern der Stadt erhob und war beeindruckt. Was für eine Stadt! Die Frau hielt mich an sich gedrückt wie einen Schatz und tippelte über das Kopfsteinpflaster der Hauptstraße. Plötzlich bog sie nach links ein und ich las auf dem Straßenschild *Hintergasse*. Vor dem, wie ich fand, schönsten Haus der Straße blieb sie stehen. Es war im typischen Fachwerkstil gebaut, mit einem seitlichen, großen Balkon aus Holz im zweiten Stock und im ersten Stock mit einer Loggia. Sie schloss die Tür auf und lief die schmale Treppe hinauf bis in den 2. Stock. Die obere Tür war unverschlossen.

„Juli", rief sie aufgeregt, „ich habe doch noch einen bekommen, nun kann Weihnachten kommen!" Ein junger Mann mit blondem Haar streckte seinen Kopf um die Ecke. Als er mich sah, erstarrte er für einen Moment.

„Elisabeth", entfuhr es ihm, „der ist ja mickrig." Zweifelnd sah er auf mich herab. Ich hielt die Luft an – ob mein großer Traum nun geplatzt war?

„Was hast du denn für den bezahlt?" Julius kratzte sich am Kopf. In den Augen seiner Frau sah er Blitze aufflackern, wie immer, wenn sie wütend war.

„5 Mark, Julius. Das ist nicht zu viel und ich möchte unser erstes Weihnachtsfest in der eigenen Wohnung schön haben. Mit einem Baum." Ohne seine Antwort abzuwarten, ging sie an ihm vorbei in das kleine Wohnzimmer und packte mich aus dem Papier aus.

„Der Topf ist schön", stimmte Julius besänftigend zu. „Erinnert mich an das Meer im Sommer in Haffkrug." Er wusste genau, wenn seine Frau ihn Julius nannte, dass es dann brenzlig werden konnte. Das hatte er in seiner jungen Ehe schon gelernt. Elisabeth stellte mich auf den kleinen Blumenhocker und begann im Schrank zu kramen. Freudestrahlend fand sie den Karton mit der Weihnachtsdekoration.

Sie hielt Julius kleine, weiße Kugeln mit bunten Steinen unter die Nase.

„Wir haben alles da zum Schmücken und brauchen auch nichts mehr zu kaufen. Die Kerzen passen nicht, sie sind zu groß, aber dann stellen wir die einfach auf dem Wohnzimmertisch auf." Er nickte.

„Ich mache uns jetzt einen Kaffee und dann dekorieren wir zusammen das Bäumchen, ja? Wieso hat der überhaupt zwei Spitzen?" Als Elisabeth das Einpackpapier nach ihm warf, formiert zu einer Kugel, lachte er und ging schnell in die Küche.

Am Heiligen Abend stand ich hübscher denn je da und als das Paar die Kerzen im Wohnzimmer entzündete, machte sich auch in mir eine besinnliche Stimmung breit. Julius hatte zur Feier des Tages eine Flasche Rotwein geöffnet. Sorgsam goss er sich und seiner Frau ein. Dann stießen sie an und küssten sich.

„Frohe Weihnachten, Liebes", raunte Julius Elisabeth zart ins Ohr. Elisabeth strahlte und umarmte ihren Mann liebevoll.

„Wer weiß, vielleicht feiern wir ja nächstes Jahr schon zu dritt. Wir wünschen es uns doch so."

„Na, wir sind doch schon zu dritt", freute er sich und zeigte auf mich. Anscheinend hatte er mich akzeptiert, was mich wirklich freute. Während die beiden ihre kleinen Geschenke füreinander auspackten, begann ich mich jedoch zu fragen, was nach den Festtagen aus mir werden würde? Dürfte ich bleiben und weiterwachsen? Oder würde ich vielleicht auf dem Kompost landen? Die kleine Wohnung verfügte nur über den winzigen Balkon, der gerade Platz für zwei Stühle bot. Da es aber gerade so schön stimmungsvoll war, schob ich die negativen Gedanken zur Seite. Heute war schließlich Weihnachten! Julius freute sich über neue, selbstgestrickte Socken und Elisabeth bewunderte ihre kleine, goldene Kette, die bestimmt sehr teuer gewesen war. Zum Abendessen, das die zwei im Wohnzimmer zelebrierten, gab es Würstchen und Kartoffelsalat. Auch die weiteren Feiertage verliefen sehr harmonisch und erst als das Ehepaar zum Jahreswechsel anstieß, dachte ich wieder über meine Zukunft nach. Doch zunächst geschah nichts. Julius arbeitete weiter im Schichtdienst am Eppsteiner Bahnhof und verkaufte Fahrkarten. Elisabeth ging ebenfalls täglich aus dem Haus, sie war im Büro der Stanniolfabrik tätig. So war ich tagsüber immer allein und betrachtete sorgenvoll, dass ich, obwohl jeden Tag gegossen, mehr und mehr nadelte. Dezent fegte Elisabeth immer die Nadeln zusammen, bevor Julius von der Arbeit kam. Doch am Wochenende nach dem 6. Januar, nachdem die Sternsinger da gewesen waren, fragte Julius, wobei er auf mich deutete: „Was machen wir nun mit ihm?"

Die restliche Weihnachtsdekoration hatte Elisabeth schon vor einigen Tagen zurück in den Schrank geräumt. Lächelnd drehte sie sich zu ihrem Mann um.

„Ich habe eine gute Lösung gefunden. Meine Kollegin Ruth hat doch mit ihrem Mann ein Haus in Bad Schwalbach am Taunus mit einem großen Garten gekauft. Der Garten ist noch kahl und ihnen fehlt natürlich jetzt das Geld, Pflanzen zu kaufen. Ich nehme den Baum morgen mit, dann wird sie ihn einpflanzen. Das Grundstück ist dicht am Wald, dort hat er es bestimmt gut."

„Na ja, ob unser Bäumchen dann nicht verloren wirkt“, gab Julius zu bedenken, aber ich merkte, dass er froh war, dass eine Lösung für mich gefunden war. Natürlich war auch ich unendlich glücklich darüber und freute mich, schon bald in einem großen Garten stehen zu dürfen.

Und wieder wurde mein Traum wahr. Zunächst war ich noch sehr einsam in dem großen Garten, doch mit den Jahren kamen immer mehr Bäume und Pflanzen hinzu. Die Zeit lief dahin. Ruth und ihr Mann bekamen Kinder, sie wuchsen mit mir um die Wette. Inzwischen ragte ich viele Meter in den Himmel und meine spärlichen Zweige waren zu dicken Ästen geworden. Ich fühlte mich so wohl, dass ich mich mit meinen Wurzeln im Garten sehr breit gemacht hatte. Am Heiligen Abend wurde ich traditionell geschmückt, inzwischen mit einer großen Leiter und Kerzen. An diesem Tag dachte ich auch immer an Elisabeth und Julius und fragte mich, wie ihre Leben wohl verlaufen war? Ob sie das ersehnte Kind bekommen hatten? Ruth hatte nach ihrer ersten Schwangerschaft aufgehört, in der Fabrik in Eppstein im Büro zu arbeiten und so war auch der Kontakt zu Elisabeth eingeschlafen. Sie sagte zwar jedes Mal an Weihnachten, dass sie ihrer ehemaligen Kollegin mal ein Foto von mir senden müsste, aber ich glaube, sie tat es nie.

30 Jahre später wurde die angrenzende Weide zum Bauland erklärt. Vorbei war es mit der Ruhe am Waldesrand. Als das Grundstück erschlossen wurde, stellten die Bauträger fest, dass meine Wurzeln stark in das neue Bauland hineinwucherten. Außerdem stand ich zu nah an

der Grundstücksgrenze. Es gab einen Rechtsstreit, den Ruth und ihr Mann nicht gewannen. Wieder stand mein Schicksal auf der Kippe. Eines Abends kurz vor Weihnachten kam Ruth zu mir hinaus in den Garten. Das war ungewöhnlich, denn das tat sie sonst nie. Lange betrachtete sie mich.

„Wir müssen dich morgen verpflanzen lassen, Tanne. Es geht nicht anders. Aber du wirst weiterleben. Ich habe gelesen, dass die Eppsteiner Talkirche einen großen und schönen Baum für ihren Vorplatz sucht. So wirst du zum Fest zurück zu deinen Wurzeln kehren. Du wirst mir fehlen." Dann weinte sie bitterlich und ich bewegte meine Äste langsam im Wind und hoffte, dass sie meine Botschaft verstand.

Am Heiligen Abend thronte ich prunkvoll geschmückt und eingepflanzt direkt vor der Talkirche. Meine zwei Spitzen zierte jeweils eine Krone. Ich erkannte Elisabeth und Julius sofort, als sie um die Ecke kamen. Begleitet wurden sie von einem jungen Paar, das ein Mädchen im Alter von geschätzten fünf Jahren dabeihatte. Wie schön, ihr Kinderwunsch war also wahr geworden und sie hatten sogar schon eine Enkelin. Ich fand, dass sie beide immer noch sehr gut aussahen. Die junge Frau sah ihrer Mutter sehr ähnlich und so war es fast, als ob ich die junge Elisabeth wiedertraf. Sie waren sehr früh gekommen, die Kirchentür war noch geschlossen. Mich hatten sie noch nicht entdeckt und ich war gespannt, ob das noch passieren würde. Dafür betrachtete die Kleine mich ehrfürchtig. Aufgeregt zupfte sie am Ärmel ihrer Mutter.

„Du, Mama warum hat der Baum zwei Spitzen? Das ist doch nicht normal.“

„Psst“, machte ihre Mutter, der es unangenehm war, dass die piepsige Stimme ihrer Tochter über den ganzen Platz schallte. Auch Elisabeth und Julius hatten die Worte vernommen. Sie blickten erst ihre Enkelin, die oben auf meine Spitzen deutete, dann mich ungläubig an.

„Das kann doch nicht sein“, stammelte Julius.

„Er ist es. Ich fühle es“, waren Elisabeths Worte.

Fragend sah ihre Tochter sie an.

„Na, du weißt schon, der Baum, als Vater und ich unser erstes Weihnachtsfest feierten, damals in der kleinen Wohnung in der Hintergasse.“

„Der soll mal in einem Topf gewachsen sein?“, bekam sie zur Antwort von ihrem Schwiegersohn.

„Er ist es“, sagte Elisabeth.

Dann ertönte die Musik von der Orgel und es erklang das Lied *O Tannenbaum*. Die Kirchentür wurde geöffnet. Elisabeth begann vor Rührung zu weinen. Julius nahm ihre Hand und streichelte sie. Ich freute mich über so viel Gefühl. Sie betraten die Kirche, die sich, wie immer an Weihnachten, sehr schnell füllte.

Als alle versammelt waren, trat der Pastor an den Altar und begrüßte seine Gemeinde. Dann berichtete er, dass die diesjährige Tannenbaumspende von einer Familie aus Bad Schwalbach gekommen sei. Der Baum war einst in einem kleinen Topf zu ihnen gekommen und sei wie ein Wunder in den letzten dreißig Jahren zu einer stattlichen Tanne gewachsen, die nun aber leider so viele Wurzeln geschlagen hatte, dass sie verpflanzt werden musste, da sie zudem auch noch auf der Grundstücksgrenze zu einem Neubaugebiet gestanden hatte. Für den Kirchenvorplatz hatte man sich bewusst für eine Großbaumverpflanzung entschieden und sich daher über das Angebot sehr gefreut.

Als der Gottesdienst vorbei war, blieben Elisabeth und Julius noch eine Weile neben mir stehen. Ihre Kinder waren bereits in Richtung Parkplatz geeilt. Elisabeth sah ihren Mann an: „Nach Weihnachten bitten wir den Pastor um einen Ableger und pflanzen ihn bei den Kindern im Garten ein. So ist ein Teil von ihm dann wieder in unserer Familie."

Julius hatte in den letzten dreißig Jahren gelernt, dass es unmöglich war, Elisabeth von einem gefassten Plan abzubringen. So nickte er ihr bestätigend zu. Aber Elisabeths Worte hinterließen eine wohlige Wärme in mir oder kam das von den dutzenden Kerzen, mit denen ich geschmückt worden war?

Das Weihnachtsbaumkugelhaus

von L.T. Hoffmann

Endlich war es so weit. Der große Weihnachtsbaum stand stolz in der Ecke des Wohnzimmers. Noch hing kein Schmuck an ihm. Aber den Duft, den er verströmte, liebte Isa einfach so sehr, dass ihre Augen vor Freude leuchteten. Als Papa den Baum endlich fertig platziert hatte und zur Seite trat, sprang Isa von der Couch auf. Sie warf die Arme jubelnd in die Luft, rannte über den Teppich und klammerte sich dann schwungvoll an Mama.

„Können wir dann jetzt ENDLICH schmücken?“, fragte Isa. „Biiiiiitte!“

„Ja doch“, grinste Mama und holte aus dem Flur einen abgegriffenen, großen Pappkarton. *Weihnachtsdeko* stand darauf und er war bis oben hin vollgepackt mit allerlei kleinen und größeren Kartons. Als Mama eine nach der anderen öffnete, konnte Isa ein freudiges Quietschen nicht unterdrücken: Wahnsinn! So viele Weihnachtsbaumkugeln, Strohsterne und Tonfiguren! Das mussten mindestens hundert, wenn nicht sogar tausend sein! Ganz sicher sogar! Und sie alle warteten nur darauf, an den Weihnachtsbaum gehängt zu werden.

Natürlich von Isa, die fest entschlossen war, jeder einzelnen Glitzerkugel, jedem noch so kleinen Sternchen und selbst den witzigsten Figuren den perfekten Platz am Weihnachtsbaum zu geben.

Während Mama die Lichterkette anbrachte und Papa den oberen Teil des Weihnachtsbaums schmückte, kümmerte sich Isa um den unteren Teil. Vor allem bei den Weihnachtsbaumkugeln war sie dabei sehr vorsichtig. Die liebte sie nämlich ganz besonders, weil sie so schön glitzerten. Sie freute sich auch jedes Mal ein Loch in den Bauch, wenn sie eine Kugel in die Hand nahm, um sie behutsam an den Weihnachtsbaum zu hängen. Wenn sie eine besonders schöne Weihnachtsbaumkugel entdeckte, betrachtete sie diese von allen Seiten und suchte einen ganz speziellen Platz für sie aus. Ab und zu reichte sie Papa einen Strohstern oder eine Tonfigur. Die konnten ruhig da oben hängen. Aber die Weihnachtsbaumkugeln gehörten definitiv nach unten! Zu Isa.

Schließlich war die Kiste leer. Mama und Papa räumten die Kartons weg und verschwanden dann in die Küche, um das Abendessen zuzubereiten. Isa hingegen blieb im Wohnzimmer. Sie konnte sich an dem geschmückten Weihnachtsbaum einfach nicht sattsehen. Wie er glitzerte! Es gab wirklich nichts Schöneres!

Staunend umrundete sie immer und immer wieder den Weihnachtsbaum und betrachtete das Glitzern und Blinken. Mehrere Runden besah sie sich jeden Zweig, bis sie plötzlich ein zartes Klirren hörte, gefolgt von einem leisen Fluchen.

„Oh!“, sagte Isa erschrocken und traute ihren Augen kaum: Inmitten dünner Scherben, die einmal eine glitzernde Weihnachtsbaumkugel gewesen waren, stand ein Männchen. Schnaufend stemmte es seine Hände in die Seiten.

„Kannst du nicht aufpassen?“, schimpfte es. „Sieh nur, was du angerichtet hast!“

„Entschuldige, das war nicht meine Absicht“, versicherte Isa.

„Das ist ja wohl das Mindeste!“, grummelte das Männchen und stieß missmutig gegen eine Scherbe, dass es nur so glitzerte.

„Ich habe dich hier noch nie gesehen“, stellte Isa fest, die das Männchen aufmerksam beobachtete. „Ich heiße Isa. Wer bist du?“

„Natürlich hast du mich noch nie gesehen!“, stellte das Männchen klar. „Uns Elfen sieht man nicht so einfach!“

Isa riss die Augen auf. „Du bist ein Elf?“

„Natürlich! Das sagte ich doch“, ereiferte sich der Elf und hob stolz die Nase.

Isa hatte schon viel von Elfen gehört. Aber in ihren Büchern sahen die alle irgendwie anders aus: größer, rot gekleidet und viel, viel dicker. Der Elf vor ihr war jedoch das genaue Gegenteil: Er war kaum größer als Isas Hand, dabei lang und unheimlich dünn. Seine Kleidung war außerdem nicht rot, sondern grün und braun. Er trug nicht einmal eine Zipfelmütze. Eigentlich hätte er auch ein normaler Menschenjunge sein können, nur eben in winzig klein, wenn da nicht seine Haut gewesen wäre, die wie tausend winzige Sterne zu glitzern schien. Und die

Tatsache, dass bei jeder seiner Bewegungen ein wenig Glitzer zu Boden rieselte.

„Und wo kommst du her, Herr Elf?"

„Ich heiße Memorius", sagte der Elf. „Und DU hast mein Haus kaputt gemacht!"

Isa machte große Augen. „Dein Haus?"

„Mein Haus", wiederholte er und streckte dabei stolz die Brust heraus. „Das schönste Haus diesseits UND jenseits des Westerbaches! Das weiß doch jeder. Sogar Großonkel Calorus." Er senkte seine Stimme und ergänzte hinter vorgehaltener Hand: „Dabei hat schon Großonkel Calorus' Haus dreihundertsiebenundachtzig Circs! Ich hingegen habe ganze vierhundertundzwei." Seine Mundwinkel sanken nach unten, als er seufzend zu dem glitzernden Scherbenhaufen sah. „Jedenfalls hatte ich die mal ..."

Isa verstand das nicht wirklich. Aber sie sah an Memorius' traurigen Augen, dass ihn der Verlust seines Hauses sehr mitnahm. Sie begann nachzudenken. Dabei kaute sie auf ihrer Unterlippe. Irgendwie musste man Memorius doch helfen können. Schließlich braucht jeder ein Zuhause. Außerdem fühlte sie sich schlecht, da sie schuld daran war, dass sein Haus zerbrochen war. Ob er ihr verzeihen würde, wenn sie ihm bei der Suche nach einem neuen Haus half?

„Dann such dir doch ein neues Haus!", schlug Isa vor. „Meine beste Freundin Anna hat vorher auch woanders gewohnt. Aber zum Glück wohnt sie jetzt hier in Eschborn. So kann ich sie immer besuchen."

„Das geht aber nicht so einfach", seufzte Memorius und massierte sich die Nasenwurzel.

„Warum nicht?“, fragte Isa. „Wir haben hier doch total viele Weihnachtsbaumkugeln! Du kannst dir also einfach eine aussuchen.“

Memorius begann kopfschüttelnd auf und ab zu gehen, wobei er eine Spur glitzernder Fußabdrücke hinterließ.

„Nein, nein, nein. Wir Elfen können uns nicht einfach irgendein Haus nehmen und dort einziehen. Wir müssen unsere Häuser bekommen, verstehst du? Meine Cousine Amora beispielsweise hat ihr Haus von einem alten Mann drüben in Königstein. Komischer Typ, wenn du mich fragst und das Haus erst!“ Er machte eine abwehrende Bewegung und pustete dabei abschätzig aus.

„Aber der alte Fiducio, DER hat vielleicht ein Haus! Das müsstest du mal sehen!“ Memorius nickte anerkennend in die Luft, als stünde der alte Fiducio genau vor ihm. „Feinste Handarbeit! So etwas hängt nicht an jedem Weihnachtsbaum.“

Isa nickte ebenfalls. Nur machte sie das viel langsamer, denn sie überlegte wieder. Woher konnte Memorius nur ein neues Haus bekommen? Während sie nachdachte, tippte sie sich mit dem Finger gegen die Nase. So machte das Onkel Peter auch immer. Ihm fiel dann meist auch etwas ein. Also war es einen Versuch wert! Memorius ließ derweil die Schultern hängen und trat missmutig gegen die Scherben seines Hauses. Dabei entstand eine kleine Glitzerwolke, die sich langsam rieselnd auflöste.

„Ich habs!“, rief Isa so plötzlich, dass Memorius vor Schreck nach hinten purzelte und einen Poabdruck Glitzer auf dem Teppich hinterließ. Isa sprang auf, flitzte in den Flur und kam nach kurzer Zeit mit einem kleinen Pappkarton zurück.

„Hier“, sagte sie stolz und reichte Memorius den Karton, der außen mit einem großen, geschmückten Weihnachtsbaum bedruckt war. „Der ist sogar größer als die Weihnachtsbaumkugel. Schau mal.“

Memorius’ Augenbraue wanderte sehr langsam in die Höhe.

„Das ist doch kein Haus!“, stellte Memorius fest.

„Wieso nicht?“

Seine Augenbraue rutschte noch ein wenig höher. „In einem Haus ist es hell. Wenn es nicht zufällig aus Glas ist, dann hat ein Haus eine Tür. Und Fenster. Das da“, er zeigte auf den Karton, „hat ja nicht einmal ein Loch!“

Ach du meine Güte, daran hatte sie ja gar nicht gedacht! Licht musste schon sein, da hatte Memorius recht. Immerhin wollte man doch auch mal was sehen und vielleicht auch die Sonnenstrahlen genießen. Aber einfach ein Loch hineinschneiden, konnte sie auch nicht. Denn wenn sie ehrlich war, gehörte der Karton eigentlich Papa. Und der hätte bestimmt etwas dagegen, wenn ein Elf in seinem Lichterketten-Karton wohnte. Von Fenstern, Türen oder Löchern in seinem Karton ganz zu schweigen!

„Ein Haus mit Fenster ...“, murmelte Isa vor sich hin und sah sich suchend im Wohnzimmer um. Ein Leuchtstern vielleicht? Hm ... Oder ein Teelichtglas? Nein, das passte beides nicht wirklich. Ob er Lust hatte, in ihrem Strumpf zu wohnen, der gerade noch am Kamin hing? Oder ...

„Das ist es!“, freute sich Isa, sprang wieder auf und holte vom Fenstersims ein weißes Windlicht aus Porzellan, das wie ein kleines Haus aussah. Es hatte eine kleine Öffnung als Tür, mehrere Fenster und sogar einen Schornstein. Das perfekte Haus für Memorius.

Der Elf griff mit leicht schräg gelegtem Kopf in seine kleine Hemdtasche und holte eine winzige Lupe heraus. Mit der anderen Hand hielt er sich ein wenig unbeholfen das eine Auge zu, während er langsam um das Haus herumschlich. Forschend betrachtete er das gesamte Haus, sah durch alle Fenster und schnupperte sogar am Schornstein. Doch als er damit fertig war, rümpfte er nur die Nase.

„Zu eckig“, lautete sein knappes Urteil.

„Zu eckig?“, wiederholte Isa irritiert und sah auf das kleine Porzellanhaus hinunter.

„Zu eckig“, bestätigte Memorius.

„Natürlich ist es eckig. Es ist ein Haus!“

„Aber kein Elfenhaus! Elfen mögen nämlich keine Ecken.“

Isa blinzelte und sah etwas ratlos auf das Haus hinunter. Damit hatte sie nicht gerechnet.

„Aber ... ein anderes Haus habe ich nicht.“

Memorius ließ sich mit einem langen, tiefen Seufzer auf den Po plumpsen, schniefte inbrünstig und schluchzte so heftig, dass es Isa fast das Herz brach. Selbst der Glitzer schien traurig herabzurieseln.

„Was für ein Unglück!“, jammerte der Elf, dem zu allem Überfluss auch noch die Tränen die Wangen herunterliefen. „Ich bin ein Weihnachtsbaumelf! Ich kann doch nicht einfach ohne Weihnachtsbaumkugelhaus sein, wenn Weihnachten ist. Das geht doch nicht!“

Isa fühlte sich mit einem Mal richtig elend. Wegen ihr hatte Memorius sein Haus verloren, sein Zuhause. Den Ort, an dem er sich sicherlich so wohlgefühlt hatte, wie sie es auch bei Mama und Papa tat. Allein, wenn sie sich vorstellte, dass sie kein Dach über dem Kopf mehr hätte, fühlte sie sich direkt noch schlechter. Wie furchtbar! Da musste man doch etwas tun können! Irgendeine Möglichkeit musste es doch geben, um dem Elfen zu helfen. Nur was?

„Wo soll ich denn nun hin?“, klagte Memorius weiter und wollte gar nicht mehr aufhören. „Mein schönes, warmes Weihnachtsbaumkugelhaus! Zerbrochen! Einfach weg! Wer schenkt mir jetzt so kurz vor Weihnachten ein neues Weihnachtsbaumkugelhaus?“ Er wischte sich mit dem Ärmel über die Nase und zeigte dann zum Fenster. „Wie soll ich in dieser Kälte jemanden finden, der mir ein Haus schenkt?“

Kälte! Aber natürlich! Warum war ihr das nicht früher eingefallen?

Isa flitzte zur Garderobe, schlüpfte in Windeseile in Schneestiefel und Winterjacke und zog sich die Bommelmütze halbherzig auf den Kopf. Zurück im Wohnzimmer schnappte sie sich vorsichtig Memorius, der sofort protestierend zu fluchen begann, und setzte ihn behutsam in ihre Jackentasche. Im Vorbeilaufen griff sie noch nach ihrem Rucksack, ehe sie die Haustür hinter sich achtlos ins Schloss fallen ließ.

Draußen war es bereits dunkel. Der menschenleere Eschenplatz glitzerte im Schein der Straßenlaternen, während der frische Pulverschnee unter Isas Füßen knirschte. Zielstrebig steuerte sie die Bank neben der Esche an, auf der sie ihren Rucksack abstellte. Dann setzte sie Memorius vorsichtig auf den Brunnen, der mit einer großen Platte abgedeckt war. Er zitterte ein wenig und rieb sich unwirsch die Oberarme. Der dabei herabrieselnde Glitzer war im Schnee fast nicht zu sehen.

„Was machen wir hier draußen? Es ist viel zu kalt!“, beschwerte er sich. Seine Nase färbte sich bereits rot.

„Ich mache dir ein Haus“, verriet Isa grinsend und gab ihm einen ihrer Handschuhe, in den er sofort hineinkrabbelte. Dann begann sie in ihrem Rucksack zu kramen.

„Ein Haus? Hier? Wie soll das denn gehen?“

„Hiermit“, meinte Isa triumphierend und präsentierte ihm stolz eine Dose Seifenblasen. „Ich mache dir ein Seifenblasenhaus.“

Er zog skeptisch einen Mundwinkel in die Höhe. Sein Nasenflügel zuckte. „Das ist ein Scherz, oder?“

Schmollend schob sie ihre Unterlippe nach vorn. „Ich scherze nie, wenn es um Seifenblasen geht!“

Noch immer skeptisch sah er zu, wie sie die Dose öffnete und den Pustering vor ihren Mund hielt. „Denk an was Schönes“, lächelte Isa. Bevor er noch etwas erwidern konnte, holte sie tief Luft und blies andächtig durch den Pustering. Sofort wölbte sich eine Seifenblase aus dem Ring, die im Licht der Straßenlaterne glänzte. Als sich die Seifenblase vom Ring löste, schien es für einen kurzen Moment, als würde sie auf der Stelle schweben. Dann wurde sie von einer Windböe angehoben und drehte sich einige Male, ehe sie sanft nach unten sank. Genau vor Memorius’ Füßen kam sie zum Liegen. Und kaum berührte die Seifenblase den Schnee, bildeten sich dort winzig kleine Eiskristalle, die sich langsam ausbreiteten. Dabei wurden die Eiskristalle größer und immer größer, bis die Seifenblase vollkommen von Eiskristallen bedeckt war. Sie funkelte und glitzerte wie frischer Schnee.

Isa sah gespannt zu Memorius. Dem Elfen stand der Mund offen und er schaute mit großen Augen auf das, was eben noch eine Seifenblase gewesen war. Doch er rührte sich keinen Millimeter. Bis eben hatte sie geglaubt, eine gute Idee gehabt zu haben. Jetzt war sie sich nicht mehr so sicher.

„Gefällt sie dir?“, fragte Isa vorsichtig und knabberte an ihrer Unterlippe.

„Sie ... sie ist ... wunderschön!“, stammelte Memorius zu Isas Freude, kletterte aus dem Handschuh und ging vorsichtig auf die gefrorene Seifenblase zu. Andächtig strich er über die feinen Linien der Eiskristalle und fuhr sie mit den Fingern nach.

„Dann schenke ich sie dir“, verkündete Isa, der ein Stein vom Herzen fiel.

Memorius sah sie mit großen Augen an. „D-d-du schenkst sie mir?“, hauchte er zunächst ungläubig. Doch als Isa lächelnd nickte, konnte er seine Freude nicht mehr zurückhalten. Er jubelte so laut, dass Isa fürchtete, halb Eschborn würde auf die Straße laufen, um zu schauen, was denn los sei. Er hüpfte durch den Schnee und schien die Kälte völlig vergessen zu haben.

„Na los, schau sie dir an!“, bat Isa, die ein wenig neugierig war, wie so ein Elf eigentlich in so eine Hauskugel hineinkäme. Memorius grinste über beide Ohren, als er seine Hände auf die Seifenblase legte. Sie staunte nicht schlecht, als Memorius mit einem leisen Plopp in der Seifenblase verschwand. Plötzlich erglühte die Seifenblase für wenige Augenblicke. Dann erlosch das Glühen wieder.

Nanu? Sah die Seifenblase irgendwie anders aus? Sie sah aus, als sei sie aus Glas. Das konnte doch gar nicht sein.

Isa berührte ganz vorsichtig die Seifenblase und tatsächlich: Sie sah nicht nur so aus wie Glas, sie WAR aus Glas. Wie wundervoll! Nun war aus der Seifenblase eine richtige Weihnachtsbaumkugel geworden.

Als Memorius kurze Zeit später wieder auftauchte, strahlte er über das ganze Gesicht.

„Oh Isa, wenn du das sehen könntest!“, platzte es aus ihm heraus. „Es ist so wunderschön! Die Eiskristalle – sie glitzern und funkeln und das Licht in der Kugel ist einfach nur ...“ Memorius fiel Isa um den Hals. „Danke!“

Isa umarmte Memorius und war so glücklich, wie lange nicht mehr. Dann trug sie Memorius mitsamt seinem neuen Haus zurück ins warme Wohnzimmer.

Gerade als sie die Seifenblase dort an den Weihnachtsbaum hängen wollte, fiel Isa auf, dass das gar nicht ging. Also holte sie einen silbernen Wollfaden aus ihrem Rucksack, den sie eigentlich von Oma Frieda für ihre Puppe Maxi bekommen hatte. Aber Maxi verstand sicher, dass Memorius den Faden viel dringender brauchte als sie. Außerdem bekam Isa von Oma Frieda bestimmt einen neuen Wollfaden, wenn sie sie nächste Woche besuchen würde. Es sprach also nichts dagegen, dass Memorius ihn bekam.

Mit einem Tropfen Bastelkleber befestigte Isa vorsichtig den Wollfaden auf dem oberen Ende der gläsernen Seifenblase. Dann hängte sie die Seifenblase an den Weihnachtsbaum. Dabei achtete sie dieses Mal aber ganz besonders darauf, dass sie so hoch hing, dass sie bestimmt nicht noch einmal gegen die Seifenblase stoßen konnte. Anschließend setzte Isa sich auf den Teppich und betrachtete glücklich das neue Weihnachtsbaumkugelhaus, das mit seinem Glitzern alle anderen Weihnachtsbaumkugeln überstrahlte. Ohne Zweifel war es die schönste Kugel am ganzen Weihnachtsbaum und vermutlich auch auf der ganzen Welt!

„Isa, es gibt Essen! Kommst du?“, rief ihr Papa und holte sie aus ihren Gedanken zurück.

„Ich komme!“, rief Isa und warf im Herauseilen noch einen Blick über die Schulter. „Bis später, Memorius!“

Rendezvous im Zauberwald

von Iris Otto

„Oh Mann, Papa! Was wollen wir hier?“ Celine schob die Unterlippe vor und schaute zu ihrem Vater.

„Uns bewegen und Spaß haben.“ Alexander Marbacher öffnete die Fahrertür. „Es ist gar nicht so voll wie ich dachte. Man merkt, dass es bereits Oktober ist und die Saison nächste Woche zu Ende geht. Wir müssen nicht einmal anstehen, um Helme und Klettergurte auszuleihen.“

„Ich will keinen Helm. Danach sehen meine Haare scheiße aus.“

„Ich weiß. Und die Klettergurte zerknittern deine Leggings. Jetzt guck nicht so griesgrämig. Früher konntest du gar nicht oft genug über die Seilrutsche sausen.“

„Ich bin vierzehn. Da macht man so einen Kinderkram nicht mehr.“ *Jedenfalls nicht mit den Eltern*, fügte Celine in Gedanken hinzu. Ängstlich schaute sie sich um, ob nicht irgendwo ein bekanntes Gesicht auftauchte. Immerhin befand sich ihre Schule gleich um die Ecke. Ihr Vater ließ sich weder von ihrem Schmollmund noch von schlechter Laune umstimmen. Stattdessen bezahlte er bereits den Eintrittspreis für den Kelkheimer Waldseilgarten. Betont langsam schlurfte Celine hinterher. Ein paar Sonnenstrahlen tauchten die buntgefärbten Baumkronen in ein warmes Licht. Früher war sie tatsächlich gern durch die Baumwipfel balanciert. Je höher, desto besser. Damals war Mama noch dabei gewesen. Heute war sie allein mit einem glänzend gelaunten Vater hier, der gerade laut lachte über den mittelmäßigen Scherz des Kassierers. Celine streifte ihre langen Haare über die Schulter und setzte den Leihhelm auf. Nach einer kurzen Einweisung kletterte sie vor ihrem Vater über die Hängeleiter auf den ersten Baum. Es machte tatsächlich Spaß, zwischen den Baumkronen über schwankende Balken und Autoreifen zu balancieren, an Biegungen den Karabinerhaken von einem Seil ins andere umzuhängen und schließlich die über 100 Meter lange Seilrutsche hinunterzusausen. Ihre blonden Haare flatterten im Wind, als Celine mit einem Kribbeln im Bauch auf den nächsten Baum zuraste. Sobald sie festen Boden unter den Füßen hatte, drehte sie sich um und rief in die Baumwipfel: „Los, Papa, jetzt bist du dran!"

Doch ihr Vater war damit beschäftigt, jemandem zu winken. „Schau mal, Celine, wer da kommt."

Von hier unten konnte sie beim besten Willen nicht erkennen, wer ihren Vater dazu brachte, behände die nächste Leiter hinunterzuklettern. Neugierig ging Celine zwischen den Bäumen hindurch. „Wie schön, dass ihr auch hier seid. Hallo Katja. Und du musst Karl sein", klang die Stimme ihres Vaters zu ihr herüber. Celine blieb abrupt stehen. Das durfte nicht wahr sein. Suchend schaute sie sich nach einer Fluchtmöglichkeit um. Vergeblich. Ihr Vater drehte sich bereits zu ihr um. „Darf ich vorstellen, meine Tochter Celine. Das ist Katja. Karl kennst du ja.“

Celine übersah die ausgestreckte Hand von Karls Mutter, murmelte ein kurzes „Hallo“ in ihre Richtung und starrte in den Wald. Das also war die Mutter von dem Loser. Typ *graue Maus* diagnostizierte Celine, wobei die Frau keine grauen, sondern blonde Haare hatte, die in weichen Wellen bis zu ihren Schultern fielen. Von Make-up hatte die Frau wohl noch nichts gehört, stattdessen hüpften tausend Sommersprossen über ihr Gesicht, wenn sie lachte. Katja lachte viel. Genau genommen über jedes zweite Wort von Celines Papa. Peinlich! Da war ihr Sohn komplett anders drauf. Karl lachte nie. Zumindest hatte Celine ihn in der Schule noch nie lachen sehen. Aber dafür gab es auch keinen Grund, wenn man Karl hieß, in Schlabberjeans rumrannte, mit einer grellgrünen Kappe auf dem Kopf und ein viel zu großes, blaues Poloshirt mit weißen Streifen an Ärmeln und Kragen trug. Weiße Streifen! Wer trug denn so was? Wenn Karl im Unterricht den Mund aufmachte, kam selten etwas Schlaues heraus. Aber das war ihr schlichtweg egal. Niemand interessierte sich für Karl. Jedenfalls niemand, der zu Celines Clique gehörte.

„Kommt, lasst uns zusammen durch die Baumwipfel steigen“, forderte ihr Vater die anderen auf. Celine verdrehte die Augen. „Ich habe keine Lust mehr. Können wir nach Hause fahren?“

„Nein, können wir nicht!“

Ihr Vater ließ sie allen Ernstes unter den Bäumen stehen und folgte den beiden anderen über wackelige Balken in die Höhe. Nach einer Weile war von den dreien nur noch das Lachen der Erwachsenen zwischen den Baumwipfeln zu hören. Celine hockte sich auf einen Baumstamm und steckte die Kopfhörer ihres Smartphones in die Ohren.

Auf der Rückfahrt war es trotz Heizung frostig kühl im Auto. Celine starrte aus dem Seitenfenster. Garantiert waren die lauten Bässe ihrer Musik bis zum Fahrersitz zu hören. Gut so! Nach ein paar Kilometern zog ihr Vater an dem Kabel und der Kopfhörer rutschte aus ihrem Ohr.

„Ey, Mann! Was soll das?“

„Kannst du mir verraten, warum du so schlecht gelaunt bist? Nur weil wir zufällig Bekannte getroffen haben?“

„Zufällig?“ Celine hatte Mühe, ihre Wut zu unterdrücken. „Das war doch kein Zufall! Ihr wart verabredet.“

„Und wenn schon“, antwortete ihr Vater leichthin. „Wärst du denn mitgekommen, wenn ich dir vorher davon erzählt hätte?“

„Nie im Leben!“

„Siehst du, das habe ich befürchtet. Dabei sind die beiden sehr nett. Karl könnte ein wenig Unterstützung in der Schule gebrauchen. Er findet nur schwer Anschluss, ist eher ein Außenseiter, hat Katja erzählt.“

„Ist das mein Problem? Guck dir mal an, wie der rumläuft. Und wieso nennst du seine Mutter überhaupt Katja?“

„Weil wir gemeinsam Elternvertreter in eurer Klasse sind.“

„Ja, Scheiße ist das. Wer lässt sich schon zum Elternvertreter wählen? Nur Leute, die sich bei den Lehrern einschleimen wollen. Voll peinlich. Das hat diese Katja vielleicht nötig. Du aber nicht! Ich bin eine gute Schülerin."

„Ich will mich nirgends einschleimen. Ich wollte mich irgendwo engagieren und das schien mir eine gute Sache."

„Hast du diese Frau schon häufiger getroffen?"

Alexander bog in die Hofeinfahrt ein und parkte vor der großen Garage.

„Gelegentlich. Wenn es etwas zu besprechen gab. Für eure Klasse."

Celine hatte genug gehört. Sie stieg aus und knallte die Autotür hinter sich zu. Das war alles gelogen. Als sie neulich von der Klassenfahrt zurückgekommen war, hatte sie in der Dusche ein fremdes Shampoo gefunden, das garantiert nicht ihrem Vater gehörte. Nun dämmerte ihr, weshalb er sich heute früh frisch rasiert hatte, obwohl er seinen stoppeligen Freizeitbart liebte. Musste es ausgerechnet die Mutter von diesem bescheuerten Typ sein? Ein dicker Kloß schnürte ihren Hals zu, als Celine sich wenig später in ihrem Zimmer auf das Bett warf.

An den nächsten Wochenenden gab es keine Ausflüge mit überraschenden Begegnungen. Celine fand auch keine Hinweise darauf, dass Katja noch einmal bei ihnen im Haus gewesen war. Sie wähnte sich schon in Sicherheit, als ihr Sportlehrer sie nach der Unterrichtsstunde zu sich rief.

„Kannst du deinem Vater bitte diesen Brief geben? Es ist wirklich großartig, wie sehr sich die Elternvertreter in eurer Klasse für eine Skifreizeit einsetzen. Wenn ein Orthopäde und eine Physiotherapeutin als Begleitpersonen mit an Bord sind, kann ja nichts schiefgehen."

Davon hörte Celine zum ersten Mal. Wortlos nahm sie den Briefumschlag entgegen. Was sollte das denn? Ihr Vater und Katja als Betreuer auf einer Klassenfahrt? Das hatte gerade noch gefehlt. Sie brauchte einen Plan, und zwar schnell, sonst endete sie mit Katja und Karl unter dem Weihnachtsbaum und anschließend als vierblättriges Kleeblatt auf Skifreizeit. Das ging gar nicht! Auf dem Schulhof fing sie Karl ab.

„Ich muss mit dir reden. Nach dem Unterricht. Oben am Zauberwald." Er blickte sie verdattert an, widersprach aber nicht.

Als Celine am Nachmittag die bemalten Bäume des Zauberwalds erreichte, lehnte Karl bereits am Baumstamm der sieben Zwerge. Neugierig sah er ihr entgegen. Celine redete nicht lange um den heißen Brei herum.

„Willst du mich zur Schwester haben?"

Sein Gesicht färbte sich rot. „Eh, eh, nein."

„Soll mein Papa dein neuer Vater werden?"

Nun schüttelte Karl entschieden den Kopf. „Ich habe einen Vater, der ist zwar …"

„Dann sind wir uns ja einig", unterbrach ihn Celine. Mit knappen Worten informierte sie Karl über die Skifreizeit.

„Meine Mutter hat so was neulich mal erwähnt, aber ich dachte nicht, dass sie es ernst meint", erwiderte Karl.

„Wenn du mich fragst, ist das ein billiger Trick zur Familienzusammenführung. Da habe ich wirklich keinen Bock drauf."

Karl nickte zustimmend. „Und jetzt?"

„Jetzt müssen wir handeln, sonst packen wir unsere Weihnachtsgeschenke gemeinsam aus."

„Meinst du wirklich?" Karls Augen wurden immer größer.

„Verlass dich drauf. Ich habe auch schon eine Idee, wie wir das verhindern." Karl lauschte interessiert ihrem Vierpunkteplan.

Abends wartete Celine, bis sie aus dem Schlafzimmer das gleichmäßige Schnarchen ihres Vaters hörte. Im Dunkeln schlich sie zur Garderobe, um Punkt eins ihrer Liste zu erledigen: sich einen Überblick verschaffen. Leise nahm sie das Smartphone ihres Vaters und schaltete es mithilfe ihres Geburtsdatums frei. Sofort erhielt sie Zugang zu seinen WhatsApp-Nachrichten. Der letzte Chatverlauf war mit Katja. Was Celine hier zu lesen bekam, übertraf ihre schlimmsten Befürchtungen. Ihr Vater traf sich mit dieser Frau häufiger. Spaziergänge durch den Taunus gehörten offensichtlich zum beliebten Ritual ihrer Mittagspausen. Dafür ließ ihr Vater sogar Patiententermine verlegen, wie hier schwarz auf weiß zu lesen war. Der Chat über den unvergesslichen ersten Kuss im Zauberwald ließ Celine erschaudern. Genau an dieser Stelle war sie am Nachmittag mit Karl gewesen. Über die Pläne zur Skifreizeit, die natürlich als familiäre Annäherung gedacht waren, las sie ebenso, wie über einen geplanten Konzertbesuch am kommenden Samstag.

Am nächsten Tag war es Karl, der ihr im Schulbus zuraunte: „Heute nach Schulschluss im Zauberwald." Celine konnte unmöglich widersprechen und einen anderen Treffpunkt vorschlagen, wo doch gerade die halbe

Schule zusah. Einige Klassenkameradinnen unkten jetzt schon, was ihr der Spinner ins Ohr geflüstert hätte. Nach dem Unterrichtsende verabschiedete Celine sich von ihren Freundinnen mit einem Hinweis auf eine zusätzliche Celloprobe für das Weihnachtskonzert der Schule. Dann lief sie quer durch den Wald bis zu den bunt bemalten Bäumen. Karl stand neben einem Zauberer und blickte erst von seinem Handy auf, als sie außer Atem vor ihm stand.

Keuchend fragte sie: „Hast du den Chat deiner Mutter gelesen?“

Er steckte sein Handy in die Hosentasche. „Du hattest recht.“

„Weiß ich“, sagte Celine. „Leider. Jetzt müssen Punkt zwei und drei gleichzeitig anlaufen. Wir müssen Zweifel säen. Ich habe dir eine Liste mit allen negativen Eigenschaften meines Vaters aufgeschrieben.“ Sie zog einen Zettel aus ihrer Hosentasche. „Er schnarcht, er rasiert sich nur ungern, abends hängt er auf der Couch vorm Fernseher ab und Sport treibt er überhaupt nicht mehr. Was hast du?“

Zögernd sagte Karl: „Meine Mutter geht regelmäßig zum Zumba. Außerdem ist sie Vegetarierin und trinkt keinen Tropfen Alkohol. Aber das ist alles nicht wirklich negativ.“

„Da mein Vater Steaks liebt und sein Weinkeller gut gefüllt ist, schon. Also, ab sofort werden wir das zu Hause in unsere Gespräche einfließen lassen. Dezent natürlich.“

„Alles klar. Was machen wir mit dem Konzert am Samstag?“

„Gute Frage", erwiderte Celine. „Da bin ich bei meiner Mutter. Sie feiert Geburtstag. Für Punkt drei bist du also allein verantwortlich. Du musst das Treffen verhindern."

„Wie soll das gehen?"

„Werd krank. Provozier einen Unfall, schneid dir in den Daumen, sodass du ins Krankenhaus musst. Völlig egal. Hauptsache, es passiert, kurz bevor deine Mutter aus dem Haus gehen will."

„Bist du bescheuert? Ich verletze mich doch nicht selber."

„Dann denk dir was aus. Hauptsache, die zwei treffen sich nicht."

Das Wochenende bei ihrer Mutter verbrachte Celine voller Unruhe. Erst als Karl ihr ein *Daumen-hoch-Emoji* schickte und schrieb *Läuft*, konnte sie etwas entspannen. Ihre abgehetzte, müde Mutter, der freundlich bemühte Stiefvater und die beiden quengeligen Halbgeschwister bestärkten Celine darin, ihren Vater und sich selbst vor diesem Schicksal bewahren zu müssen.

Als sie Sonntagabend wieder nach Hause kam, machte ihr Vater einen etwas mitgenommenen Eindruck. Sein Zweitagebart, die zerknautschten Kissen auf der Couch und die Pizzaschachtel in der Küche sahen nicht aus, als ob er Damenbesuch empfangen hätte. Gut so! Während Alexander beim Abendessen eine doppelte Schicht Salami auf sein Brot legte, erzählte Celine nebenbei, dass Karl in der Schule gehänselt würde, weil seine Mutter ihm nur vegetarische Kost erlaube. Zufrieden registrierte Celine, dass ihr Vater aufhorchte.

„Weißt du, wie es bei Karl um das Thema Alkohol steht?“, wollte ihr Vater wissen.

„Keine Ahnung. Ich glaube, die sind total abstinent. Warum fragst du?“

„Nur so“, murmelte er und nahm einen Schluck aus seinem Weinglas.

„Übrigens, Mama will dich treffen, um mit dir zu reden wegen Weihnachtsgeschenken, Aufteilung der Ferien nächstes Jahr und so.“

„Hm, ich rufe sie mal an.“

„Nee, ich glaube, sie wollte dich mal persönlich sehen. Beim Italiener. Ich habe ihr gesagt, dass du bestimmt nichts dagegen hast. Mittwochnachmittag ist deine Praxis doch geschlossen.“ Unschuldig lächelte sie über den Tisch.

„Du hast es aber eilig mit deinen Weihnachtsgeschenken. Was wünschst du dir überhaupt?“ Celine seufzte.

„Egal, Hauptsache, ich bleibe bei dir. Und die tolle Handtasche natürlich, die ich dir neulich im Internet gezeigt habe.“ Alexander grinste.

„Dann sage ich ihr für Mittwoch um eins zu“, stellte Celine fest und schob sich eine Salamischeibe in den Mund.

Die Kommunikation mit Karl klappte inzwischen wortlos. Ein Blick vor dem Klassenzimmer, ein beiderseitiges Nicken und es war klar: Nach der Schule im Zauberwald. Dieses Mal war Celine die Erste. Sie kannte den Text von Hänsel und Gretels Baum auswendig, bis Karl den Weg entlangkam.

„Alles okay bei dir?“, fragte sie den mürrisch dreinblickenden Jungen.

Karl kickte ein paar Bucheckern zur Seite. „Nee, nichts ist okay.“

„Aber am Wochenende hat doch alles geklappt oder nicht? Ich sehe keinen Verband. Also musstest du dich nicht selbst verstümmeln, damit deine Mutter zu Hause blieb.“ Karl zog eine Grimasse.

„Was hast du stattdessen gemacht?“

„Ich habe mich betrunken.“

„Echt?“ Celine kicherte.

„Natürlich nicht in echt. Ich habe mir Schnaps über meine Klamotten gekippt und damit gegurgelt. Dann bin ich zur Tür reingetorkelt und habe so getan, als ob ich in Ohnmacht falle.“

„Krass!“

„Von wegen. Meine Mutter hat einen Krankenwagen gerufen, weil sie befürchtete, ich hätte eine Alkoholvergiftung.“

„Und dann?“

„Als die kamen, musste meine Mutter kurz raus, um meine Versicherungskarte zu holen. Da hatten die Sanitäter schon gecheckt, dass ich zwar stinke wie eine Schnapsleiche, aber null Alkohol im Blut habe. Ich habe denen erzählt, dass es um eine Mutprobe ging. Die fanden das nach einigen Ermahnungen ganz lustig und haben mich nicht verpfiffen. Nachdem sie meine Mutter beruhigt hatten, sind sie wieder abgerauscht.“

„Cool“, sagte Celine bewundernd. „Und wo hattest du den Schnaps her? Du bist doch erst vierzehn.“

„Der stammte noch von meinem Vater", gestand Karl.

„Reagiert deine Mutter so streng auf Alkohol, weil sie selbst keinen trinkt? Ich meine, du hast doch gesagt ..."

„Das ist wegen meinem Vater. Er war Alkoholiker", flüsterte Karl.

„Wohnt er deshalb nicht mehr bei euch?"

„Er ist gestorben."

Als sie Karls Augen sah, die sich bedrohlich mit Flüssigkeit füllten, murmelte sie: „Tut mir leid für dich."

„Schon gut." Er zog lautstark den Rotz in seiner Nase hoch. „Wie war dein Wochenende?"

„Geht so", antwortete sie wahrheitsgemäß. „Die Brüllaffen haben total genervt."

„Wohnt deine Mutter neben dem Opel-Zoo?"

„Nein, sie hat im Sommer Zwillinge bekommen. Ich nenne sie die Brüllaffen, weil sie sich sofort an einem festkrallen, wenn man ihnen nur den kleinen Finger hinhält. Außerdem sind sie ständig am Brüllen. Stereo. Schrecklich."

„Scheiße", erwiderte Karl.

„Jetzt weißt du, warum ich meinen Vater vor dem gleichen Schicksal bewahren muss."

„Klar, verstehe ich. Wie machen wir jetzt weiter?"

„Du gehst Mittwochmittag mit deiner Mutter Pizza essen."

„Geht nicht."

„Jetzt hör doch erst mal zu. Meine Eltern werden in trauter Zweisamkeit beim Italiener sitzen, um sich über meine Weihnachtsgeschenke und die Urlaubsregelung für das nächste Jahr auszutauschen. Dann kommst du mit deiner Mutter dazu und Bingo!“ Celine klatschte begeistert in die Hände.

„Bingo – was?“

„Na, deine Mutter wird sauer, weil sie einmal ein Konzert wegen ihres Sohns absagen muss und schon tröstet sich ihr Angebeteter mit einer anderen Frau. Sie kennt doch meine Mutter nicht.“

„Und was machst du in der Zeit?“

„Ich passe notgedrungen auf die Brüllaffen auf.“

„Geht trotzdem nicht. Am Donnerstag müssen wir die Interpretation in Deutsch abgeben. Ich habe noch nicht mal das Buch fertiggelesen. Wenn ich die versemmle, kriege ich eine Fünf und bleibe sitzen.“

„Mach dir nicht ins Hemd. Ich schreibe die Interpretation für dich. Meine ist schon fertig.“

„Echt? Das würdest du für mich tun? Danke.“

„Ich tu es für meinen Vater. Aber keine Eins. Das würde zu sehr auffallen.“

„Eine Drei reicht völlig.“

„Okay, lässt sich machen“, versprach Celine.

„So doof, wie ich dachte, bist du gar nicht“, stellte Karl fest.

Celine rollte mit den Augen. „Musst du immer dieses grässliche Poloshirt tragen?“

„Es ist von meinem Vater“, erwiderte Karl leise.

Gemeinsam machten sie sich auf den Weg zur Bushaltestelle.

Das Mittagessen beim Italiener war nur bedingt als Erfolg zu werten. Es gab zwar eine leichte Irritation auf beiden Seiten, wie Karl berichtete, doch so wirklich beeindruckt wäre seine Mutter nicht gewesen. Sie vermutete ziemlich schnell, dass es sich bei der Frau an Alexanders Tisch eventuell um seine Ex handeln könnte. Karl warf möglichst unbekümmert ein, dass diese doch zwei Babys habe, die sie schlecht allein zu Hause lassen könne. Außerdem habe sie viel dunklere Haare als Celine. Doch Katja blieb skeptisch.

Ausgerechnet das Wetter trieb ihr Projekt im Dezember voran. Ein Temperatursturz und Regen verwandelte Straßen und Gehwege in Eisbahnen. Knochenbrüche und andere Sturzverletzungen zwangen ihren Vater zu Überstunden. Ein nächtlicher Check der WhatsApp-Nachrichten auf seinem Smartphone ließ Celine beruhigt schlafen. Der Chatverlauf zwischen Alexander und Katja war deutlich ausgedünnt. Gemeinsame Spaziergänge in der Mittagspause fanden nicht mehr statt. Auch Katja schrieb, sie habe viel zu tun. Außerdem wolle sie ihren Sohn ungern länger allein lassen. *Blöd für Karl*, dachte Celine. Vielleicht war die Idee mit dem Schnaps doch nicht so gut gewesen.

In der letzten Schulwoche fand das Weihnachtskonzert der Schule statt. Als Teil ihres Plans hatte Karl es geschafft, heimlich seinen Patenonkel aus Hamburg einzuladen, der sich auf den Überraschungsbesuch bei seiner Schwester freute. Celine fieberte ihrem Cellospiel im Schulorchester entgegen. Mit einigen Freundinnen stand sie neben der Bühne und beobachtete, wie sich der Saal füllte. Sie winkte ihrem Vater zu, der weiter hinten Platz nahm. Der Stuhl neben ihm war noch leer. Immer wieder schaute er suchend zur Tür. Schließlich kam sie. Katja war so in das Gespräch mit ihrem Begleiter vertieft, dass sie die übrigen Konzertbesucher nicht beachtete. Ein schönes Paar, fand Celine. Die beiden wirkten sehr vertraut miteinander. Das helle, fröhliche Lachen von Katja klang bis zu Celine herüber. Auch ihr Vater beobachtete die beiden genau. Jetzt musste sie nur verhindern, dass die Erwachsenen sich in der Pause trafen und Alexander erfuhr, in welchem Verhältnis der gutaussehende Fremde zu Katja stand.

Karl war mit zwei anderen Mitschülern für die Beleuchtung und besondere Lichteffekte verantwortlich. Die Jungs schalteten die Deckenlichter aus. Die weißen Streifen an Kragen und Ärmeln von Karls Poloshirts waren sogar im Dunkeln noch zu erkennen. Das Orchester begann zu spielen. Die erste Konzerthälfte lief wie am Schnürchen. In der Pause stürzte Celine sofort zu ihrem Vater. Entschlossen zog sie ihn mit sich zu Sonjas Eltern. Sonja plante, ein Schuljahr im Ausland zu verbringen. Alexander war ehrlich überrascht, als Celine ihn bat, sich unbedingt alles dazu von Sonjas Eltern erzählen zu lassen. Er folgte ihr bereitwillig. Die Pause war gerettet. Alles in allem war der Abend ein voller Erfolg. Die Zuschauer spendeten reichlich Applaus, sparten nicht mit Bravo-Rufen und gleich nach der letzten Verbeugung rannte Celine erneut zu ihrem Vater. Er müsse unbedingt sofort ihrem Musiklehrer sagen, wie gut ihm das Konzert gefallen habe.

Der Heilige Abend startete hektisch. Alexander hatte bis zum Schluss gearbeitet, nun mussten die Einkäufe erledigt werden. Schon vor dem Supermarkt war es schwer, einen Parkplatz zu ergattern, innen schoben sich die Menschen dicht gedrängt durch die Gänge. Eine längere Diskussion zwischen Vater und Tochter, ob es nun Gans oder Ente zu essen geben sollte, beendete eine fremde Frau, indem sie die letzte Gans aus der Kühltruhe nahm. Dann also Ente.

Den Weihnachtsbaum schmückte Celine das zweite Jahr ohne ihre Mutter. Dafür, dass die Tanne am vergangenen Sonntag ein echter Last-Minute-Kauf bei der Waldjugend gewesen war, sah der Baum recht schön aus. Celine gab sich Mühe, die roten Wachskerzen und glänzenden Kugeln hübsch zu platzieren. Der Engel kam oben auf die Baumspitze. Ihr Vater raschelte in der Küche mit Geschenkpapier, unterbrochen von diversen Flüchen, weil das Papier zu klein oder zu groß war und das Klebeband klebte, wo es nicht hingehörte. Celines Hilfsangebot lehnte er dennoch ab. Als es draußen dämmerte, waren alle Vorbereitungen getroffen. Der Weihnachtsabend konnte beginnen.

In Celines neuem Paillettenkleid spiegelte sich das Licht der Kerzen. Die langen Haare hatte sie zur Feier des Tages hochgesteckt. Ihr Make-up verlieh ihrem Gesicht den Ausdruck eines Models. Bis ihr Vater endlich kam, schoss sie einige Selfies vor dem Weihnachtsbaum. Ihre Mutter sollte sehen, wie erwachsen ihre Tochter war und wie schön sie es zu Hause hatten.

Endlich kam Alexander ins Wohnzimmer. Er stieß einen anerkennenden Pfiff aus. „Donnerwetter!“

Celine lächelte. „Hübsch, oder?“ Kokett drehte sie sich im Kreis.

„Was für ein schöner Baum", erwiderte ihr Vater grinsend.

Abrupt blieb sie stehen.

„Aber kein Vergleich zu meiner hübschen Tochter." Liebevoll drückte er sie an sich. Seine Bartstoppeln kitzelten auf ihrer Haut.

Der Weihnachtsabend war so, wie Celine es sich gewünscht hatte: Einträchtig zu Hause mit Papa. Es gab leckeres Essen und die heißbegehrte Handtasche. Zum Glück passte auch der neue Pullover für Papa. Nach dem Telefonat mit Mama kullerten ein paar Tränen, doch ihr Vater munterte sie mit einigen Runden Uno wieder auf. Trotzdem war irgendwann die Luft raus. Es war so ganz anders, nur zu zweit Weihnachten zu feiern. Der Weihnachtszauber früherer Jahre war verflogen. Als Celine in ihr Zimmer ging, blieb ihr Vater allein auf der Couch sitzen. Er griff nach seinem Handy und legte es dann doch wieder auf den Tisch zurück. Sein Seufzen klang traurig.

Eine Stunde später kam Celine in Jeans und Pullover ins Wohnzimmer zurück. Ihr Vater schaute sie irritiert an. „Was willst du mit dem Einkaufskorb?"

„Einpacken", erwiderte sie. Rasch nahm sie einige Kerzen, Weihnachtskugeln und den Engel vom Tannenbaum.

Alexander sprang vom Sofa auf. „Was soll das denn?"

„Die brauchen wir woanders. Zieh dir was Warmes an, Papa. Wir fahren weg."

„Jetzt?"

„In fünf Minuten."

„Ich fahre überhaupt nirgends mehr hin. Ich habe zwei Gläser Wein getrunken."

„Papa!“ Celine stemmte beide Hände in die Hüften. „Sei einfach mal spontan.“ Der Gesichtsausdruck ihres Vaters ließ Celine in schallendes Gelächter ausbrechen. Irgendwann stimmte ihr Vater in das Lachen ein. Dann verschwand er, um sich umzuziehen.

Der Waldweg war trotz der Dunkelheit gut zu erkennen. Außer ihnen war niemand unterwegs.

„Wo gehen wir eigentlich hin?“, fragte Alexander.

„Einen neuen Weihnachtszauber suchen“, antwortete sie.

Als sie an dem Baum mit dem bunten Schriftzug *Zauberwald* auf den schmalen Pfad abbogen, blieb Alexander stehen. „Was willst du hier?“

„Das habe ich dir doch schon gesagt: den Weihnachtszauber suchen.“ Mit der Taschenlampe ihres Handys leuchtete Celine an den Bäumen entlang. Abwechselnd tauchten die Märchenfiguren im Lichtkreis auf. Es war schade, dass es hier keine Nadelbäume gab. Aber dann würde sie eben improvisieren. Celine sammelte mehrere Äste auf und lehnte sie zu einer Pyramide aneinander. Rasch befestigte sie Kugeln und Kerzen aus dem Korb an den Zweigen. Oben auf die Spitze setzte sie den Engel. Zufrieden betrachtete sie ihr Werk.

Alexander legte den Arm um ihre Schulter. „Magst du die Kerzen nicht anzünden?“

„Gleich“, sagte Celine. „Der Weihnachtszauber muss erst kommen.“ Gespannt lauschte sie in die Dunkelheit. Als das Knirschen der Schuhe auf dem Waldweg näherkam, zündete sie die Kerzen an.

Ihr Vater sah reglos den beiden Gestalten entgegen, die auf den Pfad zu ihnen einbogen.

Karl sprach als Erster. „War gar nicht so einfach, meine Mutter hierher zu locken."

Celine lachte. „Mein Vater wollte auch nicht."

„Was tun wir hier?", wollte Katja wissen.

„Das hat mit einem Weihnachtszauber zu tun", sagte Alexander. Die Freude in seiner Stimme zauberte eine Gänsehaut auf Celines Arme.

„Liebe Katja, lieber Papa, wir wünschen euch frohe Weihnachten", sagte Celine und zwinkerte Karl zu, während die Erwachsenen sich umarmten.

Keine Kekse für Perry?

von Sonja von Saldern

Darf ich mich kurz vorstellen: Mein Name ist Perrington von Saldern. Alle nennen mich kurz *Perry*. Ich bin ein wollweißer Tibet-Terrier. Mein Hundecharakter ist leicht zu beschreiben. Ich bin eigensinnig, hungrig, tiefenentspannt und extrem kuschelig. Bei uns zu Hause bin ich der einzige Mann im Haus. Am liebsten sitze ich zwischen meinen beiden Frauchen Ella und ihrer Tochter Madeleine auf dem Sofa. Wenn sie mich vernachlässigen, um zu kochen, gefällt mir das gar nicht, außer für mich fällt etwas zu essen ab. So wie jetzt!

Es ist Vorweihnachtszeit. Überall in den anderen Stockwerken riecht es nach Keksen, überall wird gebacken. Meine beiden Frauen sind zwar oft in der Küche, aber es duftet nicht nach Weihnachten. Überall gibt es Kekse, sogar für Hunde, nur bei uns nicht!

„Komm, wir gehen Gassi", ruft Madeleine, die in die 4. Klasse der Burgschule geht. Endlich kümmert sich jemand um mich. Erwartungsvoll wedle ich an der Wohnungstür mit meinem zierlichen, schön gekämmten Hundeschwanz. Im Eppsteiner Wald gibt es viele spannende Hundewanderwege.

„Komm Perry, heute gehen wir bei Brownie vorbei“, entscheidet Madeleine.

Ich freue mich, Brownie zu treffen. Er ist mein bester Freund und wohnt in einem schönen Garten. Brownie gehört zur Rasse der Chihuahuas. Wie ich wohnt er auch mit zwei Frauchen, einem jüngeren und einem älteren, zusammen. Zu seiner Familie gehören aber auch die drei wilden Hühnchen: Gertrud, Puma und Pünktchen. Ich finde die Hühner nur interessant, wenn ich sie jagen darf, aber das möchte Brownie nicht, denn er jagt sie lieber selbst. Bevor wir nach rechts zu meinem Freund abbiegen, gehe ich zum Pinkeln an die Bank mit dem goldenen Namensschild.

„Richard Hofmann war 30 Jahre Bürgermeister in Eppstein und sein Name steht dort auf der Bank, damit ihn keiner vergisst. Ich musste ein Referat über ihn halten. Zum Glück hat Mama mir dabei geholfen“, erklärt Madeleine.

Ella ist die Mama von Madeleine. Sie geht jeden Tag zur Arbeit. Ella liest in alten Papieren und schreibt alles auf. Da stehen alle Namen von wichtigen und unwichtigen Leuten drauf, die gestorben sind, und was sie in ihrem Menschenleben so gemacht haben. Wenn ich das richtig verstanden habe, ist ein Bürgermeister so was wie der König einer Stadt. Er sorgt dafür, dass es keinen Streit gibt oder dass der Streit schnell zu Ende ist. Das kann ich auch! Wenn Brownie Ärger mit seinen Hühnern hat, egal ob es eines mit oder eines ohne Federn ist, sorge ich für ein schnelles Ende des Gezänks. Ich werfe mich mutig zwischen die streitenden Parteien und lasse mich kraulen. Dann beruhigen sich sofort alle. Eigentlich sollte es auch einen *Hundemeister* in Eppstein geben – finde ich.

Wir gehen erst durch den Wald, dann an vielen Häusern vorbei, die alle bunt beleuchtet sind. Dann steht da die Bank ohne Namen. Auf dem Straßenschild steht *Am Wellbach*. Hier riecht es nach vielen Hunden und ich schnuppere, dass wir auf dem richtigen Weg sind.

Da ist er! Zwischen den Hühnchen, die er wieder jagt. Er bellt laut, um mich zu begrüßen. Ich reiße mich los.

„Hallo, alter Kumpel. Na, wie gehts? Die Vorweihnachtszeit ist so lecker. Ich habe einen Adventskalender mit Hundekeksen für jeden Tag bekommen“, freut sich Brownie.

Ich freue mich aufrichtig mit ihm und sage: „Das ist schön, alter Kumpel, weißt du noch, als wir letztes Jahr zu Weihnachten zusammen *Das Hundehotel* geschaut haben, und Hundekekse gab es auch“, schwelge ich in schönen Erinnerungen.

„Ja, das war herrlich! Schade, dass es dieses Jahr mit Filmschauen nicht klappt“, verabschiedet sich mein bester Freund.

„Perry, es tut mir leid, dass Mama und ich diese Weihnachten so wenig Zeit haben. Ich muss ganz viel lernen und Mama muss noch Archivakten fertigmachen“, entschuldigt sich Madeleine.

Ich trotte frustriert neben Madeleine nach Hause und speichere dieses Jahr alsauch keksloses Weihnachten ab. Keine Kekse für Menschen und keine für den Hund des Hauses.

Am nächsten Tag beobachte ich, wie Madeleine nach dem Gassigehen Flaschen in die Küche trägt. „Es müssen ja nicht immer Kekse sein, mein Schatz“, erklärt Mama Ella ihrer Tochter und hat braune Pampe an den Händen. Resigniert gehe ich ins Wohnzimmer auf mein Kissen.

Auf dem nahen Wohnzimmertisch steht ein silberner Schwan, der stand gestern noch nicht dort. Der Schwan ist beladen mit braunen Kugeln. Sie sind größer als Hasenköttel und wesentlich kleiner als Pferdeäpfel, die ich auch schon gegessen habe. Noch bevor ich mir die Kugeln genauer anschauen kann, kommt Madeleine mit einer Schüssel und noch mehr Kugeln ins Wohnzimmer und meint: „Was guckst du denn so traurig – bald ist Weihnachten. Alle freuen sich auf Geschenke und gutes Essen.“

Was für ein Pech, dass ich nicht reden kann. Weihnachten – Geschenke, Essen. Alles für die anderen und nichts für mich, was bin ich bin nur für ein armer Hund. Dann denke ich nach und treffe eine Entscheidung.

Madeleine geht zum Wohnzimmertisch und fügt zu den braunen Kugeln auch noch schwarze hinzu, sodass der Schwan voll beladen ist. Bevor Madeleine das Wohnzimmer wieder verlässt, krault sie mich hinter den Ohren, um mich mit der Welt zu versöhnen, was ihr nicht gelingt.

Die Kugeln da drüben sehen zwar nicht wirklich appetitlich aus, aber wenn das keine Kekse sind, was ist es dann? Ich pirsche mich an den Tisch heran. Geschickt angle ich mir mit der Pfote eine schwarze Kugel und beiße zu. Mmmh, besser als Hundekekse. Endlich etwas Weihnachtliches zu essen. Der silberne Schwan schwankt, bleibt aber stehen. Einige Kugeln purzeln auf den Teppich. Ich esse sie alle, bis mir schlecht wird und ich einschlafe. Ich träume davon, mit Brownie über saftige Wiesen zu rennen und Hühnchen hinterherzujagen.

„Wo bleibt eigentlich Perry? Sonst kommt er immer vorbei, um zu schauen, was wir tun“, bemerkt Mama Ella die Abwesenheit des Haushundes. Sie geht ins Wohnzimmer, weil das Handy klingelt. Kurz darauf bricht sie in schallendes Gelächter aus. Madeleine stürmt ins Wohnzimmer. Mama kniet vor dem schnarchenden Perrington von Saldern und kontrolliert seinen alkoholisierten Atem. Von weiteren Lachanfällen unterbrochen erklärt Ella: „Unser Hund ist beschwipst. In den Schokotrüffeln ist nämlich ordentlich Amaretto und Cognac drin, jedenfalls ordentlich für einen kleinen Hund, der mindestens 10 von unseren selbstgemachten Trüffeln gefressen hat. Unser Hund schläft den Schlaf eines gerechten Diebes. Wir haben ihn wirklich vernachlässigt. Und wahrscheinlich ist ihm auch schlecht.“

Die Tochter stimmt in das Gelächter ein: „Tja, du wolltest lieber Schokotrüffel statt Kekse zu Weihnachten machen. Mit Keksen wäre das nicht passiert.“ Aber auch das lärmende Gelächter von beiden Frauchen kann den beschwipsten Hund nicht aus dem Schlaf reißen.

Als ich, Perrington von Saldern, am nächsten Morgen aufwache, habe ich Durst und trinke mein komplettes Wasserschälchen leer. Mir dreht sich der Hundekopf, sodass ich gleich wieder auf mein Kissen verschwinden will, als Madeleine mit der Leine ankommt und etwas Unfassbares tut.

Mit der Leine in der Hand entscheidet sie: „Wir gehen jetzt hoch zum Kaisertempel. Nach deinem beschwipsten Erlebnis gestern wird dir frische Luft guttun."

Ich bin so überrumpelt, dass mir nichts anderes übrigbleibt, als sie mit meinem verzweifelten Hundeblick von ihrem Vorhaben abzubringen, was nicht klappt.

Stattdessen kommt Mama Ella dazu und schließt sich an: „Ich geht mit! Wir machen zu dritt einen schönen Weihnachtsspaziergang zum Kaisertempel und schauen uns die Burg Eppstein von oben an. Es gibt keine schönere Aussicht."

Mir ist völlig gleichgütig, wie diese Burg in Eppstein von oben aussieht. Das ist der gemeinste Hundewanderweg in Eppstein. Die Strecke ist so steil, dass wir oft Rast machen müssen. Ich treffe auf dieser Strecke meistens keinen Kumpel, nur Radfahrer, vor denen ich Angst habe, weil sie mich platt fahren könnten. Mein Unmut nützt nichts, meine Frauchen ziehen ihre Mäntel an, ich bekomme meinen roten Winterpulli für Hunde übergestreift und los geht es. Erst gehen wir ganz nach unten in die Stadt am Edeka vorbei, wo es wirklich sehr leckeres Hundefutter gibt und dann beginnt der Aufstieg. Mama Ella hatte recht, die frische Luft tat erst mal gut, aber jetzt tun mir die Knochen weh.

„Mama, warum heißt der Kaisertempel eigentlich Kaisertempel?", fragt Madeleine ihre Mutter.

„Unser Verschönerungsverein hat dieses Denkmal gebaut. Das ist über 125 Jahre her. Es soll an den deutsch-französischen Krieg erinnern und an Kaiser Wilhelm und seinen Nachfolger Friedrich III.", erklärt Ella.

„Aha, mal wieder Krieg", murmelt Madeleine vor sich hin.

Ich als Hund denke, dass Kriege etwas Wichtiges sein müssen, wenn Denkmäler gebaut werden, damit man sich an sie erinnert, genauso wie bei den Kaisern, den Königen und den Bürgermeistern. Aber das interessiert mich alles nicht. Ich will nach Hause und Weihnachten feiern. Inzwischen hat es angefangen zu schneien, und ich laufe nicht mehr vor meinen Frauchen, sondern hinter ihnen her und werde immer langsamer. Die beiden reden und beachten mich nicht. Das einzig Gute an der Situation ist, dass ich ohne Leine laufen darf und von dieser Freiheit mache ich Gebrauch. Ich drehe mich um und renne zurück. Mal sehen, ob sie mich überhaupt vermissen! Bergab rennen macht Spaß, aber das Schneegestöber wird stärker, sodass ich kaum etwas sehen kann. Ich laufe und laufe, bis ich die gelb-blauen Buchstaben sehe.

EDEKA... brav warte ich vor der Tür. Das Dach schützt mich vor dem Schnee. Mein roter Pulli ist nass und schwer. Ein blonder Junge entdeckt mich. Er stellt sich so in die Tür, dass sie offen bleibt und winkt mir zu. Ich weiß, dass ich da nicht reingehen darf, tue es aber doch. Meine Pfötchen sind inzwischen eiskalt.

Der Junge streichelt mich. Ich sitze neben den Getränkeautomaten auf flauschigem, rotem Stoff, mit einer aufgeblasenen, rot-weißen Gummifigur hinter mir. Er verspricht: „Ich komme gleich wieder!" Ich weiß nicht, ob ich ihm glauben soll. Aber hier ist es warm und alle Leute, die mich entdecken, lächeln mich an. Das gefällt mir!

Plötzlich wird es ernst. Eine Frau im blauen Kittel baut sich gefährlich vor mir auf. Jetzt hat meine letzte Stunde geschlagen – ich muss raus in den Schneesturm.

Die Riesin beginnt zu sprechen: „Du armer kleiner Kerl, wer hat dich denn vergessen?“, fragt sie mitfühlend, beugt sich zu mir nach unten und hüllt mich in eine rote Frotteedecke ein. Ich bin erleichtert und freue mich, als die Frau ein Schälchen Wasser vor mich hinstellt. Ich schlabbere ihr erst vor Freude die Finger ab und trinke dann das Schälchen leer.

Der blonde Junge kommt tatsächlich wieder und legt ein rotes Päckchen neben mich, das endlich nach Weihnachten duftet. In dem Moment ruft ein kleines Mädchen: „Schau mal Mama, das ist der Hund vom Weihnachtsmann und der hat nur ein Geschenk, das geht gar nicht!“ Aha, ich ahne, wer das aufgeblasene Wesen ist, vor dem ich liege. Der Weihnachtsmann als Riesenballon, der auch aus Plastik das Gute in den Menschen weckt, denn immer mehr von den Menschen legen Päckchen vor mich hin und lächeln, bevor sie das Geschäft verlassen. Manche winken mir sogar zu.

Plötzlich stürmen meine beiden Frauchen in den Laden.

„Da bist du ja, wir dachten schon, du wärst abgestürzt… oder du hättest dich im Schneesturm verirrt“, schreit Mama Ella weinend. „Danke, dass Sie sich so rührend um unseren Perry gekümmert haben“, sagt Ella zu dem Marktleiter im blauen Kittel, der zu der Menschentraube kommt, die sich um mich herum gebildet hat.

„Tja, wir sind auch freundlich zu Hunden, nicht nur zu Menschen“, sagt er warm lächelnd.

„Mensch Mama, wie kommen wir denn jetzt nach Hause in dem Schneegestöber mit all den Päckchen, die Perry offensichtlich geschenkt bekommen hat?“, fragt Madeleine fast verzweifelt.

„Das dürfte kein Problem sein. Wir haben einen Lieferservice und weil heute Weihnachten ist, liefern wir auch Menschen mit Hunden zu Hause ab“, beruhigt der Marktleiter meine Frauchen und wir werden alle drei mit einem Lieferwagen zu Hause abgesetzt.

Jetzt fängt mein Weihnachten an. Ich liege auf meinem Kissen im Wohnzimmer und alle Päckchen liegen um mich herum. Alles duftet nach Weihnachten und gar nicht vegetarisch. Ella packt ein Päckchen nach dem anderen aus. In dem roten Päckchen von dem blonden Jungen ist eine wunderbare Fleischwurst und in einem grünen Päckchen sind Hundekekse – endlich Kekse für mich, auch wenn diese braunen Kugeln ganz besonders geschmeckt haben. Ich bin glücklich und freue mich schon auf das nächste Weihnachten. Aber keiner soll mir unterstellen, dass ich immer nur ans Essen denke. Wenn ich mir etwas wünschen könnte, das bleibt, dann ist es ein Schild an dieser namenlosen Bank *Am Wellbach*, auf dem stehen soll: *Perrington von Saldern, der 1. Hundemeister der Stadt Eppstein.*

Und die Moral von der Geschicht: Vergiss das Hundemahl zu Weihnachten nicht!

(Im Gedenken an unseren Hund Perrington von Saldern der Erste und Letzte, der biblische sechzehn Hundejahre erleben durfte)

Der Weihnachtsmann von Königstein

von Ina Wagemann

Es war einmal – so beginnen nicht nur Märchen – vor etwa zweihundert Jahren im Taunus, dem Mittelgebirge nördlich von Frankfurt am Main.

An einem der sanften grünen Hügel lag eine kleine Stadt und auf dem Berg in ihrer Mitte befand sich eine alte Burg, die vor langer Zeit der Stadt ihren Namen gegeben hatte: Königstein.

Die Burg und die Stadt hatten eine wechselvolle Geschichte erlebt, die schließlich in der Besetzung durch die Franzosen am Ende des 18. Jahrhunderts gipfelte. Vierzig Jahre später war diese Burg nur noch eine Ruine, denn die mehr als dreißig Meter tiefe Zisterne im mittleren Schlosshof wurde von den Besatzern vor ihrem Abzug mit Holz, Kanonenkugeln und Schießpulver gefüllt und gesprengt. Die Trümmer der Burg dienten nach dem Abzug der Franzosen den Bürgern von Königstein als Steinbruch für den Wiederaufbau ihrer Stadt.

An jenem Nachmittag des 23. Dezember 1836 herrschte in den Straßen und Gassen unterhalb des Burgberges rege Betriebsamkeit. Vor ein paar Tagen war der erste Schnee gefallen und die Landschaft sah aus, als hätte man sie mit Puderzucker bestäubt. In allen Häusern wurden die letzten Vorbereitungen für das Weihnachtsfest getroffen. In den Backstuben entstanden köstliche Torten und Gebäck. In den Ateliers der Schneider wurde letzte Hand an die Roben und Anzüge gelegt, die von den feinen Damen und Herren der Stadt anlässlich der Weihnachtsbälle getragen werden sollten.

Auch der neunjährige Elias, der Sohn des Schusters, war von früh bis spät auf den Beinen. Auf seinen kleinen Schlitten, den er hinter sich herzog, hatte er Schuhkartons in allen Größen gepackt, die er ausliefern musste. Jetzt hatte er schon alle Pakete bis auf eines abgegeben. Das letzte Paar Schuhe, das er loswerden musste, waren neue, elegante Herrenschuhe, die Elias' Vater mit kräftigen Sohlen und Absätzen versehen hatte, damit man sie auch im Winter tragen konnte. Diese Schuhe gehörten dem reichen, alten Herrn von Weilnau. Er lebte draußen vor der Stadt in einem großen Herrenhaus zwischen Königstein und Falkenstein. Bis zu seiner Pensionierung war er der Amtmann von Königstein gewesen und er galt als kaltherzig und unfreundlich.

„Hallo Elias!“, rief eine Mädchenstimme, als der Junge in die Hauptstraße einbog. Er blieb stehen und drehte sich um.

„Oh, hallo Lisbeth, wie geht es dir?“ Das Mädchen kam mit glänzenden Augen auf ihn zu. Sie war die Tochter des Bäckers und ein Jahr jünger als Elias. „Mir gehts gut. Und wie gehts dir? Hast du viel zu tun?“, fragte sie.

„Ziemlich. Freust du dich auch schon auf Weihnachten?“ Der Junge sah sie an.

„Und wie! Was wünschst du dir? Ich hätte so gern eine Puppe mit echten Haaren." Lisbeth hielt ihm eine Tüte mit *Bethmännchen* hin und begeistert zog Elias eine der kleinen Marzipankugeln mit den drei Mandeln heraus und steckte sie sich in den Mund.

„Und ich hätte so gern einen kleinen Esel", nuschelte er, während er auf der süßen Köstlichkeit herumkaute. „Dann könnte er meine Pakete tragen und auf dem Rückweg könnte ich reiten. Aber wer soll mir einen Esel kaufen? Meine Eltern haben dafür kein Geld." Lisbeth sah ihn mitfühlend an.

„Hast du noch viele Schuhe abzuliefern? Es ist doch schon so spät!"

„Ja, aber ich muss noch zum alten Herrn von Weilnau. Ausgerechnet! Da bekomm ich nicht mal 'nen heißen Tee, bevor ich mich auf den Heimweg mache."

„Du Ärmster!", sagte Lisbeth. „Aber morgen Vormittag hast du doch sicher noch ein bisschen Zeit? Dann könnten wir mit Jakob, Hans und Anni vom Burgberg nach Schneidhain hinunterrodeln und einen Schneemann bauen."

„Schön wärs", antwortete Elias. „Ich werde es wohl nicht schaffen. Morgen habe ich bestimmt noch viel zu tun. Und weil ich ja alles zu Fuß erledigen muss, dauert es zu lange. Bis ich fertig bin, seid ihr wahrscheinlich längst wieder daheim." Traurig ließ er den Kopf hängen.

„Schade." Das Mädchen sah ihn mitleidig an. Da schlug die Kirchturmuhr: vier Uhr.

„Jetzt muss ich aber los!", rief Elias und setzte sich in Bewegung.

„Machs gut!“ Lisbeth musste sich ebenfalls beeilen. Sie rannte los, dass ihre blonden Zöpfe unter der Mütze nur so flogen. Ihre Mutter würde sich schon wundern, wo sie so lange blieb.

Wenn ich Geld hätte, dachte sie, *würde ich Elias den schönsten Esel der ganzen Welt schenken!*

Elias erreichte den Fahrweg, der zum Anwesen des ehemaligen Amtmanns führte.

Die Dämmerung sank jetzt immer schneller herab und nur der Schnee verhinderte, dass es schon ganz finster war. Elias fühlte sich etwas unbehaglich, als er den Buchenwald betrat, an dessen Ende das stattliche Haus des Herrn von Weilnau lag.

Die alten Bäume ragten drohend in den düsteren grauen Himmel. Dann begann es erneut zu schneien. Müde stapfte Elias durch den Schnee und zerrte den kleinen Schlitten hinter sich her. Der Weg war ihm noch nie so weit vorgekommen. Endlich erreichte er den Rand des Wäldchens. Nun konnte er die Umrisse des Herrenhauses und dessen erleuchtete Fenster schon erkennen.

Elias klopfte an der Hintertür und wurde von einem mürrischen Diener eingelassen. Er wies ihn an, sich auf einen kleinen Hocker zu setzen, und ein anderer Diener verschwand mit dem Schuhkarton.

Elias‘ Magen knurrte vernehmlich, denn er hatte einen Bärenhunger. Seit zehn Uhr früh war er fast ununterbrochen unterwegs gewesen und hatte bisher nur ein kleines Butterbrot und das eine *Bethmännchen* gegessen. Sehnsüchtig starrte er auf einen Teller mit köstlich duftenden Weihnachtsplätzchen, der auf dem Tisch vor ihm stand. Unter den wachsamen Augen des Dieners wagte er jedoch nicht, eines zu nehmen.

Dann kam der zweite Diener zurück. Mit hochnäsiger Miene hielt er den Karton vor sich und näselte: „Die Farbe der Schnürsenkel passt nicht zum Leder und auf dem linken Schuh ist ein Fleck. Das muss bis morgen behoben werden. Spätestens um drei Uhr am Nachmittag müssen die Schuhe wieder hier sein!“ Er wedelte mit der Hand, als würde er eine lästige Fliege verscheuchen, und damit war Elias entlassen.

Fast eine Stunde würde der Heimweg dauern: durch den Wald, den Hügel hinunter und auf der anderen Seite der Landstraße wieder auf den Burgberg hinauf. Seufzend dachte der Junge an seine kalten Füße und versuchte, sein Magenknurren zu ignorieren.

Draußen blies inzwischen ein eisiger Wind und wirbelte die Schneeflocken in tollem Reigen durcheinander. Elias hatte Mühe, den richtigen Weg zu finden. Der Sturm wurde immer stärker und der Junge musste mit all seiner Kraft dagegen ankämpfen. Bald wusste er nicht mehr, ob er überhaupt noch in die richtige Richtung ging. Er erkannte lediglich, dass er immer noch mitten im Buchenwald sein musste. Lief er etwa im Kreis?

Dann meinte er, ein Licht durch den weißen, tanzenden Vorhang schimmern zu sehen. *Dort scheint ein Haus zu sein*, dachte Elias. *Wahrscheinlich bin ich anstatt nach Königstein nach Falkenstein abgebogen. Ich muss einen warmen Unterschlupf finden, sonst komme ich in diesem Sturm um!*

Seine Füße schienen immer tiefer im Schnee zu versinken, jeder Atemzug tat ihm in seiner kleinen Brust weh, doch er kam dem Licht näher. Schließlich sah er, dass es ein kleines Häuschen oder ein Schuppen aus Stein war. Über dem, was Elias für einen Eingang hielt, schwankte eine Laterne im Wind

Doch je näher Elias kam, desto schwächer wurde er auch. Er versuchte zu rufen, doch der Sturm riss ihm die Worte von den Lippen und verschluckte sie. Mit letzter Kraft erreichte der Junge die Tür des Häuschens und sank dort auf seinen Schlitten.

Nachdem er sich für einen Moment ausgeruht hatte, rappelte er sich auf und zerrte an der Tür, die sich langsam und knarrend öffnete. Elias schlüpfte in das Gebäude hinein und zog rasch die Tür wieder hinter sich zu.

Er blinzelte sich den Schnee aus den Augen und sah sich um. Er befand sich in einem Stall. Es duftete nach Heu und Pferden.

Dann sah er einen alten Mann, der an einer der Boxentüren lehnte und aus einem Korb Äpfel und Karotten an die Tiere verfütterte. Jetzt bemerkte er Elias. „Nanu, wen haben wir denn da?“, fragte er erstaunt.

„Ich bin der Elias, der Sohn vom Schuster Seibel aus Königstein", antwortete der Junge schüchtern.

Der alte Mann musterte ihn aufmerksam. „So, so. Dann komm mal her, ich glaube, du kannst etwas Warmes im Bauch vertragen.“ Er füllte einen Becher aus einer Kanne, die neben ihm auf einem Strohballen stand und hielt ihn dem Jungen hin. „Trink das!“, brummte er. „Es wird dir guttun.“

Elias trank und begann zu husten. In dem Becher war heißer, gewürzter Apfelwein.

„Das wärmt, nicht wahr?“, fragte der alte Mann freundlich. „Aber du solltest abends nicht mehr unterwegs sein, noch dazu bei diesem Wetter!“

Elias verzog das Gesicht. „Das sagt Ihr besser meinem Vater oder dem Amtmann von Weilnau“, entgegnete er missmutig.

„Wie meinst du das?“, wollte der alte Mann wissen.

„Ich komme gerade vom alten Weilnau. Ohne etwas Warmes zu trinken haben sie mich wieder raus in die Kälte geschickt. Und morgen soll ich die Schuhe wieder abliefern. Das heißt, mein Vater muss sie heute Nacht noch richten. Dabei ist morgen doch Weihnachten! Aber Vater kann es sich nicht leisten, Herrn von Weilnau als Kunden zu verlieren“, berichtete Elias.

„So ein übler Kerl ist dieser Herr von Weilnau?“, sagte der alte Mann verwundert, „dann sollte ihm wohl mal jemand Bescheid sagen!“

„Ob das helfen würde?“, zweifelte Elias.

„Bestimmt!“, versicherte der alte Mann. „Und jetzt bringe ich dich wohl besser nach Hause. Deine Eltern machen sich sicherlich schon Sorgen und fragen sich, wo du steckst. Es ist spät geworden. Warte hier auf mich, ich hole nur noch meinen Mantel.“ Er verschwand im Halbdunkel am anderen Ende der Stallgasse.

Seine Eltern hatte Elias ganz vergessen. Hoffentlich waren sie nicht allzu böse. Er wollte sich gerade vorsichtig einem Schimmel nähern, da war der alte Mann auch schon zurück. Über dem Arm trug er ein Gewirr aus ledernen Gurten und Riemen. Aber das war es nicht, was Elias‘ Aufmerksamkeit fesselte und seine Augen vor Erstaunen kugelrund werden ließ.

Der alte Mann trug jetzt einen dunkelroten Mantel, der mit weißem Pelz besetzt war.

„Komm, hilf mir mal mit dem Pferd und dem Schlitten“, sagte er.

Elias rührte sich keinen Zentimeter. In seinem Kopf fuhren die Gedanken Karussell. Der alte Mann sah genauso aus, wie er sich den Weihnachtsmann immer vorgestellt hatte. Aber das konnte doch nicht sein?!

„He, Elias, träumst du?“, fragte der alte Mann in Elias‘ Gedanken hinein. „Denkst du schon an die Geschenke, die du dir gewünscht hast?“

Elias überlegte. Wenn der fremde Mann wirklich der Weihnachtsmann war und dessen war er sich fast sicher, konnte er dann den wahrhaftig unbescheidenen Wunsch nach einem kleinen Esel äußern?

Er nahm allen Mut zusammen, holte tief Luft und sagte: „Ich habe nur einen Wunsch. Ich hätte so gern einen kleinen Esel. Er wäre dann mein bester Freund und er könnte mir bei der Arbeit helfen. Natürlich würde ich gut für ihn sorgen“, beeilte er sich zu versichern.

„Das ist ja ein recht ungewöhnlicher Wunsch“, meinte der alte Mann, „aber vielleicht hast du ja Glück und der Weihnachtsmann kann sich darum kümmern.“

Inzwischen war der Schimmel angeschirrt. Gemeinsam zogen sie nun den Schlitten ins Freie und spannten an. Elias‘ eigener Schlitten wurde hinten an das Gefährt angebunden.

Der Sturm hatte sich ein wenig gelegt, doch der Schnee fiel so dicht wie vorher. Der alte Mann und der Junge stiegen ein und los ging die Fahrt. Bei jedem Schritt des Pferdes klingelten die kleinen Glöckchen, die an seinem Geschirr befestigt waren und die Hufe wirbelten den Schnee auf. Schon nach einer gefühlt viel zu kurzen Fahrt erreichte der Schlitten die Stadt.

Elias war richtig enttäuscht, als der alte Mann das Pferd vor dem kleinen Haus in der Berggasse anhielt, in dem er wohnte. Er stieg aus, löste die Schnur und nahm seinen kleinen Schlitten an sich.

„Auf Wiedersehen, Elias“, sagte der alte Mann. „Vielleicht sehen wir uns bald einmal wieder. Fröhliche Weihnachten!“

„Fröhliche Weihnachten“, erwiderte Elias und sah dem davonfahrenden Schlitten nach, bis er um die nächste Straßenecke verschwunden war.

Als der Junge in die Stube trat, riss ihn seine Mutter in ihre Arme und drückte ihn so fest an sich, dass er fast keine Luft mehr bekam. „Weißt du eigentlich, was wir uns für Sorgen gemacht haben?“, fragte sie und in ihren Augen glänzten Tränen.

„Wo warst du denn so lange?“, erkundigte sich jetzt der Vater.

Elias reichte ihm die Schuhe des Amtmannes. „Die Schnürsenkel passen farblich nicht, auf dem linken Schuh ist ein Fleck und bis morgen Nachmittag muss ich die Schuhe wieder hinbringen“, berichtete er. „Und auf dem Heimweg habe ich mich bei dem Schneesturm in diesem Wald verirrt. Aber ich hatte Glück und fand einen Stall und stellt euch vor, da war der Weihnachtsmann und der hat mich mit seinem Schlitten nach Hause gefahren.“

Die Eltern schüttelten jedoch nur ungläubig die Köpfe. Elias musste sogar eine Strafpredigt seines Vaters über sich ergehen lassen, weil er sich verlaufen hatte und jetzt solchen Unsinn erzählte. Dann wurde er ohne Abendessen, nur mit einem trockenen Stück Brot, ins Bett geschickt.

Warum nur wollten ihm die Eltern die Geschichte vom Weihnachtsmann und dem Häuschen im Wald nicht glauben? Elias legte sich in sein kleines, kaltes Bett, schlief ein und träumte von dem Esel, den er sicherlich nie bekommen würde.

Am nächsten Morgen musste sich Elias mit den von seinem Vater mit passenden Schnürsenkeln versehenen und nochmals polierten Schuhen erneut auf den Weg zum Haus des alten Amtmannes machen. Wenigstens hatte das Schneetreiben aufgehört und ein paar Sonnenstrahlen lugten hinter den Wolken hervor. Weil er nur einen Karton tragen musste, hatte er seinen Schlitten zu Hause gelassen.

Diesmal wurde Elias im Herrenhaus allerdings schon erwartet und bedeutend freundlicher empfangen als am Vortag. Er bekam sogar einen Becher mit heißer Schokolade. Etwas so Köstliches hatte der Junge noch nie getrunken.

Aha, dachte er, *der Weihnachtsmann hat wohl tatsächlich mit dem Alten gesprochen*.

Der hochnäsige Diener kehrte mit der Meldung zurück, die Schuhe seien nun recht. In der Hand hielt er einen Brief. „Bist du der kleine Elias?“, säuselte er.

Elias nickte verdutzt und nahm den Brief entgegen, den der Diener ihm unter die Nase hielt.

„Den soll ich dir geben. Am besten machst du ihn gleich auf.“ Und die dünnen Lippen des Mannes verzogen sich tatsächlich zu einem kaum wahrnehmbaren Lächeln.

Mit zitternden Fingern öffnete der kleine Junge den Umschlag. Lesen war nicht so sehr seine Stärke, denn wenn er seinem Vater helfen musste, versäumte er immer wieder die Schule. Aber jetzt konzentrierte er sich und las:

Lieber Elias,
wie ich gehört habe, hast Du Dir einen kleinen Esel gewünscht.
Geh doch mal in den Stall. Dort wartet jemand auf Dich.
Fröhliche Weihnachten,

N. von Weilnau

Ohne sich zu verabschieden stürzte Elias aus dem Haus und rannte zu den Stallungen hinüber. Als er das Tor öffnete, lief er einem der Stallburschen in die Arme, der kaum älter zu sein schien als er selbst.

„Du bist sicher Elias“, meinte er und grinste, „dann komm mal mit!“ Er führte Elias, der viel zu aufgeregt war, um links oder rechts zu schauen, zu einer Box, in der ein kleiner, schokoladenbrauner Esel stand. Er hatte ein weißes Maul, das aussah, als hätte er es gerade in eine Milchschüssel getaucht, und sah Elias aus großen, dunklen Augen sanftmütig an.

Elias war sprachlos. Es dauerte einen Moment, bis er sich von der Überraschung erholt hatte und sagte: „Und der soll wirklich mir gehören?“

„Na klar“, antwortete der Stallbursche grinsend. „Wir können wenig mit so einem kleinen Kerl anfangen.“

„Wie heißt er denn?“, wollte Elias wissen.

„Wir haben ihn Lukas genannt“, war die Antwort.

„Hallo, Lukas!", sagte Elias, betrat die Box und streichelte die weiche Schnauze. „Kommst du mit mir nach Hause?“ Und als er den Strick nahm, folgte ihm das kleine Tier, ohne zu zögern.

Der Stalljunge drückte Elias einen kleinen, roten Apfel in die Hand. „Gib ihm das, das frisst er gern.“ Dann packte er zwei Säcke auf Lukas‘ Rücken. „In dem einen Sack ist Stroh, in dem anderen Heu. Wenn die Säcke leer sind, kannst du dir hier Nachschub holen“, sagte er.

Elias bedankte sich und zog glücklich mit dem kleinen Esel davon. Er würde ihm in dem Schuppen hinter dem Haus seiner Eltern einen behaglichen Stall einrichten. Und hinter einem Fenster im ersten Stockwerk des Herrenhauses stand ein alter Mann und lächelte.

Als Elias nach Hause kam, versorgte er zunächst Lukas, der zufrieden an seinem Heu kaute, wusch sich, zog seine besten Kleider an und erzählte seinen Eltern von seinem Weihnachtsgeschenk. Ihm fiel vor lauter Aufregung gar nicht auf, dass sich sein Vater und seine Mutter insgeheim zunickten und nur wenige Fragen stellten.

Später am Abend ging die ganze Familie in die Christmette. Elias sang inbrünstig alle Lieder mit und fühlte sich so glücklich wie noch nie in seinem Leben. Und nach der Messe wollte er unbedingt noch in den Schuppen zu Lukas, um zu prüfen, ob die Tiere in der Christnacht tatsächlich sprechen können. Nachdem die Messe zu Ende war und Elias mit seinen Eltern die Kirche verließ, begegnete ihnen ein alter Mann, der Elias freundlich zuzwinkerte. Der Junge blieb kurz stehen und glaubte, seinen Augen nicht zu trauen. Das war doch der alte Mann aus dem Wald. Ja, ganz sicher! Das war der Weihnachtsmann!

Und während der schon an ihm vorübergegangen war, hörte Elias überrascht, wie sein Vater und seine Mutter den alten Mann beinahe ehrfürchtig grüßten: „Frohe Weihnachten, Herr von Weilnau."

Gans(z) aus Liebe

von Nicole Decher

Frischverliebt zog ich vor vielen Jahren in das schöne Eppstein zu meinem damaligen Freund, der ein Jahr später auch mein Ehemann wurde. Ich wohnte vorher in Köln und noch bevor ich mich in meinen Freund verliebte, fühlte ich mich magisch angezogen von der reizvollen, idyllischen, wunderschönen Landschaft des Taunus. Der Schieferstein, der Wald, die Bachläufe und vor allem die schönen, vielen alten Burgen in Eppstein, Königstein, Falkenstein oder Kronberg ließen mein Herz stets höherschlagen. Mein absoluter Lieblingsplatz war und ist auch heute noch die Holzbank auf der rechten Seite der Bundesstraße neben dem schönen Opel-Zoo, mit Blick auf die einzigartige Skyline von Frankfurt. Jedes Mal, wenn ich dort bin, singe ich Sinatras *New York, New York* und fühle mich glücklich, frei und heldenhaft, um jede Herausforderung im Leben bestens zu meistern. Nun, das brauchte ich auch für mein nächstes Vorhaben.

Am ersten gemeinsamen Weihnachtsfest mit meinem Freund wollte ich etwas ganz Besonderes auftischen und ein leckeres Festmahl kochen, zu dem ich auch meine zukünftigen Schwiegereltern einlud. Als langjährige Vegetarierin entschloss ich mich, trotz meines überzeugten Fleischverzichts eine Weihnachtsgans zu servieren. Bisher hatte ich nie mit toten Tieren zu tun gehabt und absolut keine Ahnung, wie so etwas zubereitet wird. Aber ich dachte, mit *Google* wird es sicherlich gelingen. Außerdem gab es vor Weihnachten in vielen Zeitschriften Rezepte für die gelungene Weihnachtsgans. Entschlossen kaufte ich zwei Wochen vor dem Fest einige Magazine. Bereits beim Lesen spürte ich eine gewisse Art von Überforderung. Mitten im Winter lief mir der Schweiß den Rücken hinunter, obwohl die Heizung nur auf niedrigster Stufe stand. Mir war gar nicht klar, dass so viele Zutaten erforderlich waren. Als bisheriger Single war mir Beifuß zu diesem Zeitpunkt unbekannt, allerdings kannte ich Schweißfuß. Einen solch großen Aufwand für ein Mahl hatte ich nie zuvor betrieben. Sonst griff ich öfter in das gut gefüllte Gefrierfach und mit Würzmischungen gelang mir jedes Gericht. Aber dieses Mal hatte ich den absoluten Ehrgeiz, alles selbst zu machen und wollte meine Gäste, und natürlich besonders meine angehende Schwiegermutter, beeindrucken.

Nach zwei Tagen intensiver Suche in den Zeitschriften hatte ich endlich das passende Menü gefunden. Eigentlich klang es recht simpel: Rotkraut, Klöße mit Soße und knusprige Gans. Nachdem mir so recht bewusst wurde, was es bedeutet, alles selbst herzustellen, ruderte ich doch ein wenig zurück. Ich entschied mich, dass ich Rotkraut aus dem Glas und die Klöße aus der Packung kaufen wollte. Ansonsten hätte ich ein massives Zeitproblem gehabt und wahrscheinlich noch einen

Urlaubstag einreichen müssen. Ich überlegte mir, einfach noch eine gewisse Würze in das Rotkraut reinzurühren. Die Klöße wollte ich später etwas deformieren, damit sie hausgemacht aussahen. Innerlich jubelte ich über meinen genialen Plan. Aber bei der Gans blieb ich meinen Vorsätzen treu. Diese wollte ich frisch zubereiten, ohne fertige Würzmischung oder sonstige Hilfen. Das größte Problem für mich war jedoch, dass ich nicht wusste, wo ich die Gans kaufen sollte. Es war für mich selbstverständlich, dass ich keine aus der Gefriertruhe wollte. Als Vegetarierin hatte ich auch keine Ahnung, wo es freilaufende, glückliche Gänse zum Verkauf gab. Aber *Google* macht auch dies möglich und so nahm ich Kontakt zu einem Bauernhof in Kronberg auf, der Bio-Gänse züchtete und schlachtete. Da eine frisch geschlachtete Gans nicht allzu lange haltbar ist und ich auch nicht viel Platz im Kühlschrank hatte, wurde vereinbart, dass ich sie erst einen Tag vor Weihnachten abholen sollte.

Die Tage bis zum Fest vergingen sehr schnell und ich hatte, entgegen meiner sonstigen Gewohnheit, alles parat, was ich zum Kochen benötigte. Ich war bestens vorbereitet und fühlte mich, als ob ich bereits die Sachkundeprüfung über Gänsebraten theoretisch bestanden hätte.

Dann war es soweit. Am 23. Dezember fuhr ich morgens zu dem Bauern, um meine bestellte Weihnachtsgans abzuholen. Als das tote Tier vor mir lag, kullerten mir einige Tränen die Wange hinunter und ich war ergriffen. Allerdings war ich auch geschockt, wie groß dieses Tier war. Ich hatte einen Bräter dabei, in dem ich sie auch braten wollte, aber der war deutlich zu klein. Das fing ja gut an! Glücklicherweise hatte der Bauer eine große Wanne und damit konnte ich die Gans heil nach Eppstein bringen. Ich musste allerdings versprechen, die Wanne nach Weihnachten wieder zurückzubringen. Es sah bizarr aus, als in meinem Twingo auf dem Beifahrersitz eine angeschnallte Wanne mit einer toten Gans thronte. Zu Hause hatte sich das Problem des zu kleinen Bräters natürlich nicht gelöst. Also fuhr ich noch mal los, um einen größeren Bräter zu kaufen. Bisher hatte ich kein Einkaufserlebnis mit derartigem Kochgeschirr. Aber nach der Suche in drei Geschäften, bis hin zum Main-Taunus-Zentrum, wurde ich jedes Mal belehrt, dass Gänsebräter zu Weihnachten sehr begehrt und meistens ausverkauft sind. Die Lage war aussichtslos und ich entschloss mich, bei meiner Nachbarin nach einem Bräter zu fragen. Diese hielt mir erst mal einen Vortrag, warum ich als Vegetarier eine Gans zubereiten wollte und erteilte mir zig Ratschläge, um mir nach gefühlten drei Stunden zu sagen, dass sie mir ihren Bräter nicht leihen könnte, da sie ihn selbst benötigte. Wahrscheinlich brauchte jede Hausfrau diesen verdammten Bräter für das Weihnachtsessen, bis auf eine, nämlich meine Schwiegermutter in spe, da sie ja dieses Mal nicht selbst kochen musste. Freundlich brachte sie mir ihren XL-Bräter vorbei und endlich konnte ich anfangen.

Aufgrund meiner guten Vorbereitung hatte ich sämtliche Zutaten griffbereit. Nachdem ich die Gans in der Badewanne mit kaltem Wasser abgebraust hatte, sie war zu groß für mein Küchenbecken, begann ich nun mit dem Füllen. Äpfel, Zwiebeln, Semmelbrösel, Beifuß und Majoran stopfte ich in sie hinein. Anschließend nähte ich den Bauch zu. Nähen konnte ich übrigens prima. Von außen würzte ich sie mit Salz und Pfeffer und übergoss sie mit Brühe. Endlich war die Gans im Ofen und ich sehr stolz auf mich. Alle 20 Minuten belöffelte ich die Gans mit der Brühe, wie es auch im Rezept stand, damit sie nicht austrocknete. Soweit schien alles gut zu funktionieren, bis plötzlich nach einer Stunde ein scheußlicher Geruch aus dem Ofen an meine Nase drang. Es roch nach Chemie und Schwefel. Das war mir zwar etwas suspekt, aber da ich bisher keine Erfahrungen mit Gänsebraten hatte, dachte ich, dass es vielleicht vollkommen normal sei. In der Ruhe liegt die Kraft, dachte ich und entschloss mich abzuwarten und die weihnachtliche Stimmung zu genießen, während ich verträumt aus dem Fenster schaute. Ich sah zu, wie die romantische Burg Eppstein nach und nach von Schneeflocken umhüllt wurde und der sonst volle Parkplatz von Edeka nur noch eine große, weiße, leere Fläche war. Hoch oben auf dem Kaisertempel konnte ich Spaziergänger entdecken. In weiterer Entfernung erblickte ich den Neufville-Turm und erinnerte mich daran, als ich im Sommer dorthin gewandert und auf dem Rückweg stets in die Wunderbar eingekehrt war, um mich mit Milchkaffee und Kuchen zu verwöhnen.

Schrill und mit einem ohrenbetäubenden Krach wurde ich plötzlich zurück in die Realität befördert. Der Rauchmelder schlug Alarm und mein Freund stürmte panisch in die Küche. Mittlerweile kamen ganze Rauchschwaden aus dem Backofen, aber ich versicherte meinem Freund, dass alles in Ordnung sei, ich die Situation im Griff hätte und erteilte ihm fortan Küchenverbot. Hektisch entfernte ich erst mal die Batterien des Rauchmelders, damit ich Ruhe hatte. Ich brauchte jetzt einen kühlen Kopf, um nachzudenken. Hilflos öffnete ich den Backofen, damit die Rauchschwaden abziehen konnten. Laut Rezept müsste die Gans noch eine weitere Stunde im Backofen braten. Ich entschloss mich, sie weiterhin im Ofen zu lassen, in der Hoffnung, dass diese starke Rauchentwicklung nur zu dem Bratprozess gehörte. Ich goss noch mehr Brühe über die Gans und der Rauch wurde weniger. Der Backofen blieb nun eine Stunde zu. Mit positiver Erwartung dachte ich, dass die Gans perfekt sei. Immerhin war sie vier Stunden im Ofen gewesen. Aber als ich den Ofen öffnete und sie begutachtete, konnte selbst ein Amateur wie ich erkennen, dass da einiges im Argen lag. Es stank jetzt nach verbrannten Autoreifen und ich erinnerte mich an meine Schulzeit, als wir im Chemieunterricht Experimente mit Chemikalien gemacht hatten. Damals brachte mir das eine Fünf im Zeugnis ein, weil ich mich nicht an die Vorgaben hielt. Ich hatte gerade das Gefühl eines Déjà-vu.

Es war offensichtlich, dass ich irgendetwas falsch gemacht hatte, dabei hatte ich mich doch streng an das Rezept gehalten! Von außen sah die Gans zwar recht gut aus, braun, knusprig glänzend und sie hatte die gleiche Farbe wie auf den Hochglanzbildern der Rezeptzeitschriften, aber der Geruch war alles andere als lecker. Ich erinnerte mich daran, gelesen zu haben, dass Geflügel mit großen Mengen Antibiotika behandelt wird. Und aus eigener Erfahrung wusste ich, das Penicillin überhaupt nicht schmeckt und auch stinkt. Vielleicht war dies der Grund des scheußlichen Gestanks.

Ratlos rief ich bei dem Bauern an, um mich zu erkundigen, ob das Tier vielleicht krank gewesen sein könnte. Entrüstet reagierte er bei dieser Anschuldigung und fragte nach meiner Art der Zubereitung. Ich las das Rezept vor und schwor Stein auf Bein, dass ich mich haargenau daran gehalten hatte. Wir überlegten gemeinsam hin und her, was nun die Ursache für den misslungenen Braten sein könnte. Beiläufig fragte er mich, ob ich auch den Beutel rausgeholt hätte. „Was für einen Beutel?" entgegnete ich verwirrt.

„Babbel doch koa Blesch oder wollese mich veraaasche?", sagte er fassungslos.

„Ja, ich weiß nicht, was Sie meinen", schluchzte ich hilflos und kämpfte schon mit den Tränen.

„Ei joah, da isch doch de Büdel mit de Innereien im Buuche där Gans, dis müssense duch dä hinus ziehe, des könnense doch net brotzele, des is doh für ne schee Sooß!", erklärte er im tiefsten, hessischen Dialekt.

„Was kann ich denn jetzt machen, um den Braten zu retten?", fragte ich zaghaft.

„Ei, dis is net schee, de Büdel is us Plastik, desdeweesche könnense des nimmer esse, des müssense in die Tonne kippen, doah hilft goa nix mä. Des gude Vieh is nu hi, se sin ne rischtige tranfunsel, des is ja vollkomme bedeppert. Dis hob i jo no ni gehört, Lebbe geht weider!", schimpfte der Bauer.

Ein Okay und Danke brachte ich gerade noch über meinen zittrigen Lippen, während ich bemerkte, dass ich schwarze Tränen weinte. Meine Wimperntusche war nicht wasserfest.

Nachdem der erste Weinkrampf vorüber war, machte ich eine Bestandsaufnahme. Ich hatte drei Packungen Klöße, zwei Gläser Rotkraut und das war es. Keinen Braten, keine Soße. *Dann musst du halt improvisieren und kreativ sein*, redete ich mir gut zu. Einkaufen konnte ich nicht mehr, denn mittlerweile hatten die Geschäfte schon geschlossen, es war nach 14 Uhr. Glücklicherweise fand ich noch zwei Packungen Buchstabensuppe, sehr treffend, somit konnte zumindest schon das Wort Gans aus der Suppe gefischt werden. Die Klöße formte ich in Herzform und in das Rotkraut schüttete ich eine Flasche Rotwein, passend zum Namen. Außerdem brauchte ich Soße für die Klöße. Jetzt fehlte nur noch der Nachtisch, über den hatte ich bisher noch gar nicht nachgedacht vor lauter Gänsekoller. Doch auch dafür fand ich eine Lösung. Ich fuhr zur Tankstelle und kaufte mehrere Packungen Eiskonfekt. Diese wollte ich dann mit geriebenen Äpfeln, Zimt und Sprühsahne dekorieren. Normalerweise aß ich dieses Eiskonfekt regelmäßig nach dem Tanken und nun sollte es ein wichtiger Bestandteil meines Weihnachtsessens sein. Ich musste schmunzeln. Alles klappte ohne weitere Katastrophen, denn letztendlich war ich eine Fee, eine Koryphäe.

Pünktlich um 16 Uhr 30 Uhr standen meine Schwiegereltern in festlicher Garderobe vor der Haustür. Mein Freund und ich standen ebenfalls gestylt im Flur und im Haus roch es verführerisch lecker nach Bratapfel. Immerhin bemerkte keiner, dass es ein Raumspray war. Nachdem wir im Wohnzimmer Platz genommen hatten, begann ich meine Rede und entschuldigte mich im Vorfeld dafür, dass es keine Gans gab. Doch anstatt enttäuscht zu sein, strahlten meine zukünftigen Schwiegereltern. „Ach Nicki, wir sind überhaupt nicht enttäuscht, ganz im Gegenteil. Weißt du, wir haben beide Probleme mit der Galle, nachdem wir die letzten beiden Tage auf den Weihnachtsmärkten viel zu viel Fettiges gegessen haben. Wir wollten dir nicht absagen und dich nicht enttäuschen, es ist prima, dass wir nun keine Gans essen müssen."

Innerlich jubelte ich und dachte an meinen Freund Frank Sinatra, indem ich *My Way* vor mich hin summte! Der Abend war sehr gemütlich und lustig, was bestimmt auch an der Rotweinsoße lag. Es wurden alle satt und als Mitternachtssnack gab es noch eine Tüte Chips. Alles in allem hatte sich das Zitat von Schiller bewahrheitet:

Die Zeit bringt Rat, erwartet´s in Geduld. Man muss dem Augenblick auch was vertrau'n.

Ende gut, alles gut!
Frohe Weihnachten!
Merry Christmas!
Feliz Navidad!

Schneekönigin

von Connie Albers

Ich lebe im Taunus und das seit fast sechzig Jahren. Als Kind bin ich hierhin gezogen, nachdem das kleine Reihenhäuschen in einem Frankfurter Vorort zu klein geworden war für unsere sechsköpfige Familie. Mit dem Umzug nach Kelkheim-Münster begann für mich ein neues Leben. Es gab genug Kinder in meinem Alter, mit denen man nachmittags unterwegs sein konnte. Hier mussten die Eltern nicht ganz so sehr aufpassen. Dachten sie zumindest.

In Münster gab es Felder, Wiesen, Wald, Heuschober und Schotterwege. Die Straßen waren noch wenig befahren, unser Haus lag in einer Wohnsiedlung für junge Familien mitten im Grünen. Nach dem bis dahin eher trostlosen Wohnumfeld kam es mir vor, als wäre ich direkt im Paradies gelandet. Wenn ich aus dem Fenster meines Kinderzimmers schaute, blickte ich ins Grüne. Im Frühling blühten Apfelbäume hinter dem Haus, im Herbst konnten wir uns einfach daran bedienen. Niemand wusste genau, wem die Wiese gehörte.

Mit meinen neu gewonnenen Freundinnen streifte ich im Sommer durch die Felder, im Winter nahmen wir den Schlitten oder später auch die Skier und ab ging es in den nahegelegenen Wald zur Rodelbahn. Abends kamen wir durchfroren und durchnässt nach Hause. Ich weiß noch genau, wie weh kalte Füße und Fingerspitzen tun können, aber um nichts in der Welt wären wir eine Minute zu früh nach Hause gekommen. Erst wenn die Glocken der St. Dionysius-Kirche um 18.00 Uhr läuteten, machten wir uns auf den Heimweg. Dann gab es heißen Kakao oder Tee, Kekse oder Bratäpfel, die bereits auf der heißen Herdplatte vor sich hin brutzelten. Sie waren nicht gefüllt, weder mit Nüssen noch mit Rosinen, so wie man sie heute zubereiten würde. Nichts, einfach nur Äpfel, gebraten auf dem Herd. Ohne alles. Und das war einfach köstlich. Ich liebte besonders die schwarzverbrannte Schale am unteren Ende, wo der Apfel auf dem Herd auflag. Niemand sagte „Bäh, das ist schädlich, kratz das lieber ab.“ Nein, alles wurde mitgegessen. Mein Vater aß die Äpfel grundsätzlich mit Stumpf und Stiel, ich dagegen ließ sie mir gerne in mundgerechte Stücke schneiden und das Kerngehäuse entfernen.

Im Wohnzimmer gab es einen Kachelofen, an ihm wärmte ich mich auf. Meine Lieblingshaltung war, mit dem Rücken am heißen Kachelofen zu stehen. Wir heizten mit Öl und die heiße Luft kam aus Schächten. Diese Art zu heizen hatte allerdings auch ihre Tücken. Wenn man sich im ersten Stock im Bad auf die Toilette setzte, konnte es schon mal passieren, dass man sich den Allerwertesten verbrannte am heißen Klodeckel. Direkt daneben war nämlich der Heißluftschacht der Heizungsanlage. Aber das war alles besser als auf dem kalten WC in der alten Wohnung, wo die Eisblumen am Fenster blühten und ich mir, wer weiß wie oft, eine Blasenentzündung geholt hatte.

So lernte ich schon als Kind den Taunus als Wohlfühlort kennen und verband mit ihm von Anfang an Freiheit, Freundschaft, Wärme und Geborgenheit. Die Sommer waren noch Sommer und die Winter waren noch Winter. So wie es sich gehörte für ein vernünftiges Jahr.

Ich wuchs in einer sehr traditionsbewussten Familie auf, in der viel Wert auf christliche Erziehung gelegt wurde. Wir feierten aber auch sonst gerne die Feste, wie sie fielen.

Wenn ich zurückdenke, dann war Weihnachten mein liebstes Fest. Da wurden wochenlang Plätzchen gebacken, die heimlich auf dem Schlafzimmerschrank versteckt wurden. Jedoch nie so gut, als dass wir Kinder sie nicht entdeckt hätten. Und jeder von uns griff sich ja auch immer nur ein oder zwei Plätzchen. Wenn die Mutter dann kurz vor dem Heiligen Abend in die Dose schaute und feststellte, dass der Inhalt beträchtlich abgenommen hatte, gab es eine Standpauke, die sich gewaschen hatte. Und jedes der vier Kinder guckte dann unschuldig drein und beteuerte „Ich wars nicht!"

An Weihnachten gab es viele solcher Heimlichkeiten. Wir mussten brav sein, uns anständig benehmen, damit das Christkind nicht an unserem Haus vorbeiflog. Das war eine reife Leistung und nahezu unmöglich bei vier Kindern, von denen sich mindestens zwei immer in der Wolle hatten. Wir wurden auf diese Weise wochenlang, die ganze Adventszeit hindurch, in Schach gehalten. Im

Christkind hatten die Eltern offenbar einen guten Verbündeten.

Wir schrieben Wunschzettel und legten sie aufs Fensterbrett. Meistens gab es dann doch etwas anderes. Das Christkind hatte seinen eigenen Kopf. Wenn dann der Heilige Abend näher rückte, wurde die mütterliche Stirn noch einmal in Falten gelegt und vorgebaut: „Na ja, vielleicht wart ihr doch nicht ganz so brav. Vielleicht hat das Christkind euch zu wenig gebracht." Damit wollte sie erreichen, dass erstens die Enttäuschung hinterher nicht allzu groß war und zweitens man am Ende selbst Schuld hatte, wenn das Ersehnte nicht unterm Weihnachtsbaum lag.

Am Heiligen Abend blieb nach dem Mittagessen die Tür vom Wohnzimmer geschlossen. Das Christkind hatte ja zu tun, Geschenke zu verpacken und den Baum zu schmücken. Es wollte sich auf gar keinen Fall dabei in die Karten schauen lassen. Es flöge sonst gleich weg, wenn ein neugieriger Kinderblick es bei seinem Tun beobachtete, hieß es. Und dann wären wir leer ausgegangen. Oft hörten wir merkwürdige Geräusche aus dem Weihnachtszimmer. Es klang nach Bohrer und Säge und ab und zu ertönte sogar ein Fluch. Den Fluch kannten wir doch! Mein Vater war Sauerländer und er fluchte immer in seinem heimatlichen Dialekt. Vielleicht dachte er ja, wir würden auf diese Weise die Bedeutung nicht verstehen. Aber „Verteuntnochma" klang fast genau wie „Verdammt noch mal", und solche Worte durften wir nicht benutzen. Wir hätten es auf der Stelle beichten müssen. Aber das Christkind, das durfte offenbar fluchen! Zwar versuchten wir oft, einen Blick durchs Schlüsselloch ins

Wohnzimmer zu erhaschen, jedoch das Christkind war neben seinen handwerklichen Fähigkeiten auch noch clever. Es hängte jedes Mal ein Handtuch an die Türklinke. Keine Chance!

Später, als wir größer waren und nicht mehr an das Christkind glaubten, wurde uns klar, was es mit dem Hämmern, Bohren und Sägen auf sich hatte. Unser Vater war sehr sparsam. Er ging am Heiligen Abend erst um kurz vor zwölf los, um einen Baum zu kaufen. Immer auf den letzten Drücker, denn dann, das wusste er, wurden die Bäume für fünf Mark das Stück verkauft. Das war immer noch viel Geld. Dafür musste er einen übriggebliebenen nehmen, der konnte dann auch mal krumm und schief sein, an einer Seite mehr Zweige haben als an der anderen. Das machte gar nichts. Dann griff er zum Bohrer, bohrte ein Loch in die eine Seite, sägte einen Ast auf der anderen Seite ab und steckte ihn in das gebohrte Loch. So war die Lücke schnell gefüllt und wir hatten „wieder so ein schönes Bäumchen", wie die Mutter jedes Jahr schwärmte.

Den Nachmittag des Heiligen Abends verbrachten wir meistens auf unseren Zimmern oder wir gingen rodeln, wenn genug Schnee lag. Und früher war auf jeden Fall um diese Zeit mehr Schnee. Fernsehen hatten wir in den frühen Sechzigern noch nicht, sodass uns die Zeit bis zur Bescherung oft lang wurde.

Einer dieser Heiligen Abende bleibt mir für immer im Gedächtnis.

An diesem Nachmittag hielt ich es im Haus nicht mehr aus. Die Zeit wollte wieder nicht vergehen und Mutter hatte ständig irgendwelche Aufträge für mich.

Dauernd hieß es „Geh mal in den Keller, hol mal dies oder jenes. Nimm mal den Staubsauger, mach mal die Betten und staube mal das Schlafzimmer ab.“ Und so ging es in einer Tour. Sie konnte einen schon beschäftigen.

Ich musste dringend an die Luft. Es hatte frisch geschneit und so nahm ich den Schlitten und zog mit ihm in Richtung Wald zur Rodelbahn. Vielleicht ging es anderen Kindern ja ähnlich und ich würde einige Leidensgenossen beim Schlittenfahren treffen. Doch weit und breit war niemand zu sehen. Die saßen wohl alle zu Hause – die meisten von ihnen hatten nämlich schon Fernsehen – und warteten aufs Christkind.

Die Bescherung sollte wie immer um 18.00 Uhr stattfinden, ich hatte noch ganze zwei Stunden bis dahin. So hatte ich die Rodelbahn ganz für mich allein. Das machte mir nicht viel aus, ich war ganz gerne mal allein. Zu Hause war immer so viel Trubel, dass ich die Stille genoss. Überhaupt, diese Stille. Wie gut sie tat! Der Schnee hatte sich wie ein weißes Leinentuch über die Landschaft gebreitet und es war so still, dass man die Schneeflocken fallen hören konnte. Ich schaute meinem Atem nach, wie er sich vor meinem Mund in eine weiße Wolke verwandelte und beobachtete meine Fußabdrücke, die im frischen, unberührten Schnee Spuren hinterließen.

Viele Male zog ich meinen Schlitten den kleinen Abhang hinauf und rodelte wieder hinunter. Das machte so viel Spaß! Niemand da, der einen gängelte und bremste: „Pass auf!“ oder „Nicht so schnell!“ Ganz in meinem eigenen Tempo, so oft ich wollte und vor allem, ohne dass mir jemand den Schlitten unterm Hintern wegzog. Es gab nämlich nur zwei Stück davon. Für einen Sechspersonenhaushalt entschieden zu wenig und immer wieder Anlass zum Geschwisterstreit.

Ich war die Schneekönigin an diesem Spätnachmittag des 24. Dezember!

Dabei merkte ich gar nicht, wie die Zeit verging. Es dämmerte bereits, bald würde es dunkel werden. Der Wind trieb die Schneeflocken kreuz und quer vor mir her. Ich liebte es, sie mit der Zunge aufzufangen. Mit ausgebreiteten Armen und ausgestreckter Zunge stellte ich mich gegen den Wind, fing die dicken Flocken auf und schluckte sie herunter. Das half gegen den Durst. Denn Schlittenfahren macht durstig und natürlich hatte ich nichts zu trinken dabei.

Auf einmal erschrak ich: Ich hatte die Zeit vergessen! Ich war so vertieft in mein Schneeflockenfangenspiel, dass ich gar nicht mitbekommen hatte, dass es inzwischen dunkel geworden war. Auweia, jetzt musste ich auf dem schnellsten Weg nach Hause kommen!

Ich hatte die Glocken nicht gehört, bestimmt war es schon zu spät. Das Christkind musste schon dagewesen sein und die Bescherung hatte sicher ohne mich stattgefunden. Was nun? Ich wusste, ich brauchte jetzt eine ziemlich gute Ausrede für mein Zuspätkommen. Meine Mutter konnte in solchen Fällen äußerst unangenehm werden und ich hatte einen Heidenrespekt vor ihren Strafpredigten. Außerdem saß ihr von Zeit zu Zeit die Hand recht locker.

Zerknirscht zog ich mit meinem Schlitten Richtung Heimat. Es lag noch gut eine halbe Stunde Weg vor mir. Das würde ein schönes Donnerwetter geben und das am

Heiligen Abend. Ich hatte reichlich Bammel vorm Nachhausekommen und legte mir unterwegs die eine oder andere Erklärung zurecht, die ich aber alle wieder verwarf. Sie musste ja plausibel klingen. Meiner Mutter konnte man so leicht nichts vormachen. Endlich ließ ich den Waldweg hinter mir und erreichte das Wohngebiet. Der Schlitten machte hässliche, kratzende Geräusche, als ich ihn über die geräumten Bürgersteige zog. Die Anlieger hatten es zwar gut gemeint, sie hatten Schnee gefegt und Salz oder Sand gestreut, damit kein Fußgänger ausrutschte. Für meinen Schlitten allerdings war es eine Belastungsprobe. Es tat den Kufen gar nicht gut, da musste der Vater sie gleich wieder mit den Kerzenstummeln einwachsen, die er für diesen Zweck in einer alten Blechdose sammelte.

Plötzlich sah ich in der Dunkelheit jemanden auf mich zukommen. Eine große Gestalt kam mir im dichten Schneetreiben entgegen, ich sah sie schon von Weitem. Jetzt fürchtete ich mich noch mehr! Wohin bloß? Welchen Weg würde er einschlagen? Mir war in Sekundenschnelle klar geworden, dass es aufgrund der Größe nur ein Mann sein konnte. Welchen Weg sollte ich denn jetzt nehmen? Es gab nur zwei Möglichkeiten: Entweder ich lief geradeaus weiter, dann würde ich ihm geradewegs in die Arme laufen oder ich nahm die nächste Seitenstraße. Ich wollte ihm aber auf keinen Fall begegnen. Die Eltern hatten mich immer und immer wieder gewarnt, dass es zu viele böse Menschen gäbe, die Kinder einfach mitnähmen, vor allem, wenn sie alleine im Dunkeln unterwegs waren. Und genau das war jetzt der Fall. Ich war allein auf weiter Flur und es war dunkel. Das Herz schlug mir bis zum Hals. Wenn das jetzt einer von diesen Bösen war? Es half alles nichts, ich musste mich für einen Weg entscheiden, also bog ich nach rechts ab in der Hoffnung, er würde geradeaus weiterlaufen. Doch die unheimliche Gestalt bog in die gleiche Straße ein wie ich. Jetzt beschleunigte ich meinen Schritt. Schneller und schneller lief ich und der Schlitten, den ich am Strick hinter mir herzog, holperte, quietschte und klapperte über den Gehweg. Den musste ich ja auch noch heil heimbringen. Obwohl er mich doch ziemlich beim Laufen behinderte, konnte ich ihn nicht einfach irgendwo stehen lassen. Damit hätte ich mir weiteren Ärger eingehandelt.

Der Fremde folgte mir, bald würde er mich einholen. Ich konnte es an seinen Schritten hören, die immer lauter wurden, je näher er kam. Fast hatte ich das Gefühl, als spürte ich seinen Atem im Nacken. Gleich würde er mich packen und irgendwohin verschleppen. Meine Mutter hatte es immer prophezeit und jetzt war es soweit! Ich würde das Christkind nicht mehr erleben, meine Eltern nicht mehr sehen und meine Geschwister auch nicht. Auch wenn meine Brüder und ich oft stritten wie die Kesselflicker, in diesem Augenblick war alles vergessen und vergeben.

Mein letztes Weihnachtsfest würde ich im Keller irgendeines muffigen Wohnblocks in der Gewalt eines Kindermörders verbringen und kein Mensch würde mich je finden. Bei diesen Gedanken tat ich mir furchtbar leid. Ich musste heftig weinen und salzige Tränen liefen über meine Wangen. Sie vermischten sich mit dem Rotz aus meiner Nase. Ich ließ es laufen und fing das eklige Gemisch mit der Zungenspitze auf, bevor es auf den Anorak tropfen konnte. Ich hatte nicht die Zeit, nach einem Taschentuch zu suchen. Ich rannte, wie von Furien gejagt, weiter. Gleichzeitig bereute ich alle meine Sünden und betete zum lieben Gott, wie ich es oft tat, wenn ich wieder einmal etwas angestellt hatte: „Bitte, lieber Gott, hilf mir, nur dieses eine Mal noch, ich verspreche es! Nur noch ein paar Meter, lieber Gott, bitte, bitte, lass mich heimkommen."

Ich weiß nicht mehr, welche nicht einhaltbaren Gelübde ich in meiner Not ablegte oder was ich dem lieben Gott noch alles versprach, wenn er mich nur dieses eine Mal noch ungeschoren davonkommen ließ. Vermutlich wollte ich Zeit meines Lebens ohne zu murren abtrocknen, mich nie wieder mit meinen Brüdern streiten, meinen Eltern keine Widerworte mehr geben oder irgendwelche sonstigen, utopischen Versprechungen.

Nach einer schier endlos vorkommenden Zeit erreichte ich völlig außer Atem mein Elternhaus. Ich klingelte Sturm wie eine Verrückte und mein Vater erschien an der Tür. Er öffnete den Mund, als wolle er etwas sagen, doch er kam nicht dazu. Schluchzend, mit zitternden Knien und nach Luft ringend, fiel ich ihm entgegen. „Da wollte mich einer mitnehmen", japste ich und wies in die Richtung, die der Fremde genommen hatte. Vater riss sofort den Mantel vom Haken und stürmte hinaus, um den Unhold zu stellen. Aber der war längst weitergelaufen, und obwohl mein Vater im Affentempo in die von mir genannte Richtung rannte, holte er ihn nicht mehr ein.

Im Hausflur warf ich die durchnässten Handschuhe auf die Kommode, zog meinen ebenfalls klitschnassen Anorak sowie Hose und Stiefel aus und betrat kleinlaut, nur mit Rollkragenpulli und Strumpfhosen bekleidet, die Küche. Drinnen saß der Rest der Familie noch um den warmen Ofen. Meine Brüder schauten mich teils wütend, teils mitleidig an, den Gesichtsausdruck der Mutter konnte ich nicht recht deuten. Irgendwie glänzten ihre Augen so merkwürdig.

Mein Blick ging sogleich Richtung Wohnzimmer. Gott sei Dank war die Tür noch fest verschlossen, das Christkind hatte tatsächlich auf mich gewartet. Als der Vater kurz danach von der erfolglosen Verbrecherjagd nach Hause kam, wurde dann doch noch eine schöne Bescherung gefeiert. Und zu meiner großen Freude hatte das Christkind dieses Mal den Wunschzettel richtig gelesen. Es brachte mir ein Paar Skier!

Die befürchtete Abreibung blieb aus. Die Freude über meine unversehrte Heimkehr hatte offenbar überwogen. Denn natürlich hatten die Eltern sich Sorgen gemacht und außerdem war Heiligabend. Da schimpfte man doch nicht!

Wer der unheimliche Verfolger war? Ich habe es nie erfahren. Vielleicht irgendein armer Teufel, der kein Zuhause hatte. Vielleicht ein Vater, der mit seiner Familie Weihnachten feiern wollte und es eilig hatte, heimzukommen.

Vielleicht aber war es ja auch mein Schutzengel, der mich vor dem größten Donnerwetter meines Lebens bewahrt und mir im richtigen Moment die so dringend benötigte Ausrede geliefert hatte!

Denn wer kann schon wissen, zu welchen Mitteln die himmlischen Helfer in der Not greifen!

Das Geschenk

von Brina Stein

Seit September liege ich schon in dem kleinen Sekretär aus Mahagoniholz. Ganz oben in der linken Schublade, versteckt hinter den Reisepässen und den Impfbüchern. Ich befinde mich in einer roten Schachtel, die mit weißem Stoff ausgepolstert ist. Aus edlem 585 Karat Rot- und Weißgold bestehe ich. Meine Oberfläche sieht aus wie eine geschwungene Welle und in ihrer Mitte sind drei weiße, glitzernde Diamanten eingearbeitet.

Die Zeit im Juwelierladen in Bad Homburg war spannend gewesen. Fast ein halbes Jahr hatte ich mit den anderen Ringen im Schaufenster gelegen. Oft hatten sich die Menschen die Nase an den Scheiben plattgedrückt, um mich und die anderen Ringe zu bestaunen. Wir führten ein schönes Leben. Jeden Morgen und Abend wurden wir geputzt, neu drapiert und dekoriert. Dennoch hatte natürlich jeder von uns sehnsüchtig darauf gewartet, gekauft zu werden. Ein Verlobungsring zu sein, ist schließlich etwas ganz Besonderes und verspricht ein spannendes Leben.

Der junge Mann, der sich schließlich für mich entschied, hatte einen ganz bestimmten Grund, warum er gerade mich auserwählt hat. Ihm gefiel meine Wellenform, denn er und seine zukünftige Frau hatten sich auf einer Kreuzfahrt kennengelernt. Dieses Jahr würden sie schon das dritte Weihnachtsfest gemeinsam feiern und es sollte mit seinem Heiratsantrag unvergesslich werden. Nachdem er das dem Juwelier geschildert hatte, war klar, dass dieser nun mich aus der Vitrine holte und vorsichtig vor dem Mann auf ein Kissen legte. Ich wurde beäugt und nutzte die Gelegenheit, den potenziellen Käufer in Augenschein zu nehmen. Er war groß, von schlaksiger Statur, hatte kurze, blonde Haare und wunderschöne blaue Augen. *So blau wie das Meer*, dachte ich schwärmerisch. Vom Alter her schätzte ich ihn auf Ende 20. Er trug einen schicken Designeranzug und ein weißes Oberhemd, ohne Krawatte. Vermutlich befand er sich in der Mittagspause. Er nahm mich vorsichtig in die Hand, begutachtete mich von allen Seiten. Dann zog er mich ein Stück auf seinen Ringfinger, aber ich passte natürlich nicht.

„Der Ring hat die Größe 50, ich kann ihn aber auch weiter oder enger machen“, erklärte der Juwelier.

Ich krampfte mich ein wenig innerlich zusammen. Ob das weh tat?

„Das passt, Julia hat genau die Größe, ich habe nur Maß genommen. Prima, ich nehme ihn. Wahnsinn, ich war heute das erste Mal unterwegs wegen des Verlobungsrings und bin gleich fündig geworden, dabei ist es bis Weihnachten noch drei Monate hin.“

Ich strahlte mit meinen Diamanten, so gut wie ich eben konnte. Auch der Juwelier freute sich und begann sofort, die Rechnung zu schreiben. Mit fiel auf, dass der

Mann gar nicht nach meinem Preis gefragt hatte und als der Juwelier ihn nannte, nickte er nur und zückte seine Kreditkarte. Danach steckte er mich mit meiner Verpackung in seine rechte Anzugtasche.

„Dann wünsche ich ihnen schon jetzt ein schönes Weihnachtsfest“, verabschiedete der Juwelier seinen Kunden. Und wenn sie später die Eheringe benötigen, dann beehren sie mich gern wieder.“

Der angehende Bräutigam lachte und versprach es. Er mochte diesen altmodischen Juwelier auf Anhieb.

Das alles war nun schon drei Monate her. Ich lag seither im Sekretär und wartete auf meinen großen Einsatz. Zweimal war die Schublade seither geöffnet worden und der junge Mann hatte nach mir geschaut. Das fand ich sehr fürsorglich. Auch seine Julia musste sich einmal dem Sekretär genähert haben, denn durch die Verpackung hörte ich, wie sie ihrem angehenden Mann zurief: „Daniel, ich nehme eben die Reisepässe aus dem Sekretär.“

„Das mache ich gleich“, bekam sie zur Antwort und mir war klar, dass er nicht riskieren wollte, dass sie mich vorzeitig entdeckte. Daniel hieß er also.

Ich vermutete, dass die zwei erneut auf eine Kreuzfahrt gingen, denn wozu brauchten sie sonst ihre Reisepässe.

Ich bin schon fast in den Winterschlaf verfallen. Plötzlich ruckelt es eines Tages an dem Sekretär. Meine Schachtel wird bewegt, öffnet sich und ich blicke direkt wieder in diese faszinierenden blauen Augen des jungen Daniel. Er nimmt mich mit in das Wohnzimmer und setzt sich auf die Couch. Ich schaue mich um. Die Wohnung ist weihnachtlich geschmückt. Überall stehen Engel und Kerzen herum und auf dem Kamin steht eine Krippe aus Holz. Ich sehe das Jesuskind, Maria, Josef, die Hirten aus dem Morgenland und sogar ein paar Schafe. Direkt vor mir steht ein grüner, noch ungeschmückter Tannenbaum. Auf dem Wohnzimmertisch steht eine Schale mit offensichtlich selbst gebackenen Keksen. Ich freue mich über diese weihnachtliche Atmosphäre. Genau so habe ich es mir insgeheim ausgemalt.

Daniel nimmt mich aus der Schachtel heraus und dreht mich nachdenklich in seinen Fingern hin und her.

„Wie mache ich das morgen nur? Seit drei Monaten habe ich dich im Schrank und nun fehlt mir wirklich die zündende Idee für den Antrag. Ob ein Kniefall vor Julia nicht doch zu altmodisch ist?"

Er setzt weiter seinen Monolog mit mir fort. „Julia ist nicht da, sie hat heute, wie immer einen Tag vor dem Heiligen Abend, ihr jährliches Abiturtreffen."

Meine drei Diamanten versuchen so schön wie möglich zu funkeln, doch das scheint den jungen Mann auch nicht zu inspirieren. Hilflos blickt er mich weiter an.

„Vielleicht werfe ich dich einfach in ein Glas Champagner?", spricht er weiter. „Und dann gibt es zur Bescherung das ganz große Kino!"

Ich finde das ziemlich dämlich und habe auch ehrlich gesagt keine Lust, nass zu werden. Warum präsentiert er mich nicht in der Schachtel, die er vor ihren Augen öffnet? Dazu leuchten die Lichter des Tannenbaums, die bestimmt bis dahin angebracht sind. Ich stelle mir das alles sehr romantisch vor, nur der junge Mann scheint keinen Plan zu haben.

„Der hat Muffe", meldet sich plötzlich Diamant Nummer 1 laut zu Wort.

„Drei Monate, da hätte er ja mal über den Antrag nachdenken können", kommt nun auch Diamant 2 mit seiner Meinung um die Ecke.

„Hey, ihr könnt ja sprechen und ich höre euch", begeistere ich mich. Ich scheine gar nicht allein zu sein.

„Natürlich können wir sprechen. Das ist doch hier eine fiktive Geschichte", gibt Diamant 3 nun auch noch seinen Senf dazu.

Ich komme mir ein wenig blöd vor. Warum habe ich in den ganzen Monaten der Dunkelheit in der Schublade nie versucht, mit den Diamanten zu sprechen? Aber gut, sie haben auch noch niemals, noch nicht mal im Juwelierladen, einen Mucks von sich gegeben.

„Klar habe ich Muffe", antwortet der junge Mann und nimmt einen großen Schluck aus seinem Weinglas, das mit Rotwein befüllt ist.

Ich erstarre. Er kann uns hören! Viele Dinge fallen mir ein. Der Geist der Weihnacht und überhaupt. Fast nichts ist unmöglich an diesem Tag vor dem großen Fest. Davon hatte ich schon mal gehört. Ich fasse mir also ein Herz und presche mutig vor: „Hallo, ich bin dein Ring, der zu dir spricht. Vielleicht können wir gemeinsam überlegen, wie du mich würdevoll und mit Erfolg überreichen magst?"

Diamant Nummer 3 gähnt müde bei meinem ersten Kommunikationsversuch. Der junge Mann schüttet den

Inhalt seines Glases mit einem Zug hinunter und schenkt sich großzügig nach.

„Das Problem ist erst mal dieses Abitreffen heute Abend. Da wird Julia sehr spät heimkommen und mir unter die Nase reiben, wer jetzt alles schon verheiratet ist. Letztes Jahr hatten die ersten Mitschüler schon Kinderfotos dabei. Den Blick von ihr hättet ihr sehen müssen, als ob ich ein totaler Versager wäre."

Ich bin überrascht. Es scheint so, als ob es für ihn ganz normal ist, dass er mit einem Ring und seinen drei Diamanten spricht, die auch noch Antworten geben. Ob es an dem Rotwein liegt?

„Ich verstehe das Problem nicht so recht", gibt Diamant 1 bekannt.

„Ich hätte ihr den Antrag auf der Kreuzfahrt Ende Oktober machen sollen", weiß Daniel. „Dann hätte ich heute Abend meine Ruhe."

Er lehnt sich zurück in der behaglichen Sofalandschaft und starrt schweigsam und minutenlang an die Decke. Erst jetzt in der Stille bemerke ich das Radio im Hintergrund. Deutlich höre ich nun die Stimme des Moderators: „Das Team von Hit Radio FFH wünscht euch allen einen schönen Vorweihnachtsabend. Egal was ihr tut, habt Spaß, ob ihr den Tannenbaum schmückt oder vielleicht noch rasch ein paar Plätzchen backt. Wir sind gern dabei. Jetzt gibt es den absoluten Weihnachtskracher, Last Christmas von Wham, yeah! An wen verschenkt ihr dieses Jahr zu Weihnachten euer Herz?"

Daniel springt hektisch auf und schaltet das Radio aus.

„Die Musik war doch ganz schön“, versuche ich die Unterhaltung wieder in Gang zu bekommen.

Er fährt herum und funkelt mich böse an. „Die ist überhaupt nicht schön.“

„Entschuldigung“, murmele ich und komme mir irgendwie blöd vor, weiß aber nicht genau warum.

Daniel fährt sich durch die Haare und lässt sich wieder auf das Sofa fallen. Er nimmt erneut unsere Schachtel in die Hand. „Nein, mir tut es leid. Ihr könnt das ja nicht wissen. Letztes Jahr auf dem Abitreffen hat Julia ihre große, erste Liebe wiedergetroffen und kam erst in der Nacht um 2 Uhr nach Hause. Sie war völlig überdreht und ein wenig angetrunken. Ich war natürlich noch wach. Mindestens eine Stunde hat sie von diesem Lars geschwärmt. Der hätte sein Ding gemacht und wäre jetzt ein erfolgreicher Physiker in der Nähe von San Francisco, noch unverheiratet übrigens. Er käme nur zu Weihnachten nach Hause, um seine Eltern zu besuchen. Das ging übrigens noch das ganze Weihnachtsfest weiter und ich weiß genau, dass sie sich über Stayfriends manchmal Nachrichten senden.“

„Ich weiß gar nicht, warum du Julia heiraten willst, wenn du so wenig Vertrauen hast“, findet Diamant Nummer 3.

„Das stimmt irgendwie“, findet Nummer 1 und auch Nummer 2 pflichtet seinem Kollegen bei.

Ich frage mich eher, was aus uns allen werden würde, wenn Julia heute Abend vielleicht gar nicht nach Hause kommt oder morgen „Nein“ sagt. Ich habe mir das alles so romantisch vorgestellt an diesem Weihnachtsfest. Ob wir dann zurück zum Juwelier ins Schaufenster müssen?

„Aufgewärmte Liebe ist meistens nichts“, versuche ich unseren Bräutigam in spe aufzuheitern, als plötzlich der Schlüssel in der Haustür herumgedreht wird. Daniel blickt auf die Uhr, es ist erst 21 Uhr 30.

Julia tritt lachend ein und wirft ihren Mantel auf den nächstbesten Sessel. Daniel schiebt die Schachtel mit uns schnell hinter ein Kissen. „Du bist ja schon da“, stellt er fest und seine Stimme klingt ein wenig angespannt.

„Ja“, gibt sie zurück, „es waren nicht so viele Leute da und ich bin auch irgendwie müde. Ich dachte daran, wie schön es doch wäre, jetzt mit dir den Baum zu schmücken. Viel schöner, als mit den Ehemaligen die immer gleichen Schulanekdoten zu wiederholen.“ Ihre Augen funkeln dabei wie meine Diamanten.

„Das machen wir gleich“, stimmt Daniel begeistert zu und bedeutet ihr, genau vor dem Weihnachtsbaum stehen zu bleiben und sich nicht von der Stelle zu rühren. Schnell geht er zum Sofa und angelt unsere Schachtel hervor. Er dreht sich um und geht auf die Knie. Daniel nimmt mich heraus und sagt: „Julia, eigentlich wollte ich dich erst morgen fragen. Ich kann es aber nicht mehr abwarten. Willst du meine Frau werden?“

„Ja, das möchte ich“, strahlt sie und fällt ihm um den Hals.

Schnell steckt er ihr den Ring an den linken Finger und sie küssen sich minutenlang. Die Diamanten und ich atmen auf.

„Ist der schön, wie eine Welle“, freut sie sich und wieder glitzern meine Diamanten liebreizend.

„Ja, es ist ein ganz besonderer Ring", weiß Daniel. Dann haut er sich mit der Hand gegen die Stirn. „Nun habe ich aber morgen gar kein Geschenk für dich."

Julia schmiegt sich zärtlich an ihn. „Ich habe morgen indirekt auch kein Geschenk für dich, denn darauf musst du noch acht Monate warten. Unsere Kreuzfahrt im Herbst ist nicht ohne Folgen geblieben! Das kann ich jetzt auch nicht mehr länger für mich behalten."

Daniel nimmt Julia in den Arm und drückt sie innig.

Die Diamanten heulen Rotz und Wasser und auch ich habe einen ziemlichen Kloß im Gestell. Ich spüre, dass Daniel sanft über mich streicht. Für mich beginnt heute und hier bereits das Weihnachtsfest!

Ein Weihnachts(b)engelchen mit Fell oder: Oh du fröhliche, oh du schreckliche Vorweihnachtszeit

von Sonja von Saldern

Seit mehreren Tagen sind Frauchen und Herrchen völlig durchgeknallt. Schon zum zweiten Mal haben sie vergessen, mir mein Fressen hinzustellen. Mein Name ist Adelheid, ich bin eine anhängliche Bobtail-Dame und beglücke Herrchen und Frauchen mit meiner Anwesenheit, seit ich das Tierheim verlassen habe. Das Tierheim ist eine Unterkunft für verfolgte Hunde und ich war einer davon. In meiner Heimat Spanien wurde ich verfolgt, weil ich dort kein Zuhause mehr hatte. Ich bin dort auf der Straße gelandet, weil mein Herrchen gestorben ist und ich dann ein Waisenhund war. Zum Glück wurde ich gerettet. Im Tierheim Kelkheim habe ich viele Freunde gefunden und die Menschen dort waren wirklich freundlich. Es gab immer gutes Essen und jemanden, der mit mir Gassi ging. Morgens war es besonders anstrengend. Ein Polizist kam vor seinem Dienst vorbei und ging nicht nur Gassi mit mir, sondern sogar joggen. Hinterher war ich hungrig und durstig und musste mich erst mal ausruhen. Mein jetziges Herrchen und Frauchen kamen immer am Nachmittag nach der Arbeit. Mit ihnen war es nicht so anstrengend, ich durfte Schmetterlinge jagen und überall schnüffeln, das gefiel mir. Herrchen und Frauchen wollten dann, dass ich für immer bei ihnen einziehen soll. Weil es mit mir viel lustiger wäre, haben sie der lieben Frau vom Tierheim gesagt, und so bin ich in Hofheim gelandet. Meine Freunde im Tierheim besuche ich ab und zu immer noch. Frauchen geht gern dort durch die Felder und dann bringen wir meinen Hundefreunden immer Leckerlis mit. Ja, das ist meine Geschichte.

Im Moment ist alles anders als sonst im Jahr. Das nennen die Menschen, glaube ich, Vorweihnachtszeit. Beim Gassi gehen reden Herrchen und Frauchen nicht mit mir, wie sie das sonst tun, sondern glotzen aufs Handy oder telefonieren mit Leuten, die sie treffen wollen. Ständig höre ich Worte wie: Geschenke, Hektik, kostet zu viel, keine Zeit, Stress, Weihnachtsgans, Vorbereitungen, Besuch von Mutter Greta.

Mutter Greta kenne ich, das ist Herrchens Mama. Sie kommt immer, wenn es so gut riecht und wenn Schnee liegt. Sie bringt mir nie was mit, streichelt mich nie und sagt immer: „Hunde machen nur Dreck.“ Dreck muss etwas Schlimmes sein, so wie sie das sagt. Ich bin ein Hund und ich bin schlimmer Dreck. Alle sind immer schlecht gelaunt, solange sie da ist. Das Gute an diesen Tagen ist, dass Herrchen immer ganz lange mit mir Gassi geht und mir anvertraut, dass Mutter Greta eine eingebildete Jammerzicke ist. Ich stimme ihm bellend zu. Alle sind wieder gut gelaunt, wenn Mutter Greta endlich weg ist.

Weihnachten muss für die Menschen ein schlimmes Fest sein. Sie haben nie Zeit, viel Hektik, geben viel Geld aus und laden Leute ein, die sie nicht mögen. Was bin ich froh, ein Hund zu sein.

Dann ist da noch die Sache mit den vielen Einkäufen.

Am letzten Wochenende wurde ich unsanft geweckt und ohne Frühstück und Gassi gehen ins Auto gepackt. Ich dachte schon, wir müssten flüchten, vielleicht vor Mutter Greta. Aber zum Glück hielt Frauchen auf dem Parkplatz vor dem Baumarkt *Graubus* in Hofheim an. Ich habe mich so gefreut, denn hier gibt es mein Lieblingsfutter und Spielsachen für mich. Aber stellt euch vor – Herrchen und Frauchen haben fast vergessen, mich aus dem Auto zu holen. Durch böses Bellen habe ich verhindert, dass sie mich zurückgelassen haben.

Zielstrebig trabte ich in Richtung Eingang, wurde aber ruppig weggezerrt, zu einem kleinen Platz vor dem Baumarkt, auf dem ganz viele von diesen Bäumen stehen, an denen dann nachher Kerzen und ganz viel buntes Zeug angebracht werden, das später wieder weggeräumt wird. Es sollte Weihnachtsbäume für Hunde geben, an denen Würstchen und Hundekekse hängen, die sofort aufgegessen werden, dann müsste nichts weggeräumt werden bis zum nächsten Jahr.

Herrchen und Frauchen wollten auch so einen Weihnachtsbaum kaufen. Beide hatten konkrete Vorstellungen, wie ein Tannenbaum auszusehen hat. Klein und zierlich oder groß, breit und imposant. Leider ließen sich die Vorstellungen dieser beiden Menschen nicht in einem Baum vereinbaren. Der eine war zu klein, der andere zu dick, der nächste zu krumm und der übernächste nicht dicht genug. An jedem Baum hatten sie etwas auszusetzen. Die beiden haben sich gestritten, was ich gar nicht schön fand, deshalb wanderte ich an der langen Leine durch die Bäume.

Ich wollte heim, mein Magen knurrte. Außerdem war mir sooo kalt, meine Pfoten schmerzten vom Schnee und vom Streusalz. Am schlimmsten war mein Bedürfnis zu pinkeln. Frauchen und Herrchen waren schuld. Wenn einer von den beiden mit mir heute früh Gassi gegangen wäre, würde mich dieser Harndrang nicht dermaßen quälen.

Da ich gut erzogen bin und weiß, was sich gehört, tappte ich an der langen Leine zu einem Baum, den Herrchen und Frauchen nicht kaufen wollten. Der Duft des Waldes schlug mir verführerisch entgegen. Zwischen den frisch gefällten Bäumen aus dem Hofheimer Wald hob ich genussvoll mein Bein und ließ der Natur freien Lauf. Ich empfand nur noch Erleichterung. Der erste glückliche Moment an diesem Einkaufstag vor Weihnachten.

Das Glücksgefühl sollte nicht lange andauern. Ich war noch nicht fertig mit meinem Toilettengang, als ein bärtiger Mann mich störte. Ich bellte ihn fröhlich an, weil ich dachte, der Weihnachtsmann stünde vor mir. Der Mann war groß, trug einen Bart und diese rote Bommelmütze, wie im Fernsehen. Neben ihm stand ein Jutesack und ich freute mich darauf, dass der bärtige Mann vielleicht Leckerlis für Hunde verteilen würde, weil Hunde doch auch Weihnachten feiern wollen und tatsächlich noch andere Bedürfnisse haben als schnüffeln und pinkeln.

Statt mir ein Leckerli zu geben, schimpfte der Bommelmützenmann mit mir: „Du böser Hund kannst hier nicht einfach die Bäume anpinkeln, wir sind doch nicht im Wald!“

Das konnte nicht der Weihnachtsmann sein, nie und nimmer. Er hatte sich nur verkleidet und ging bedrohlich auf Frauchen und Herrchen zu, die ich natürlich verteidigen musste, deshalb stimmte ich mein gefährlichstes Bellen an.

„Nehmen Sie diesen unerzogenen Kläffer mal an die kurze Leine, er verunreinigt die Weihnachtsbäume, die ich verkaufen soll. Das geht nicht“, schimpfte er laut.

Herrchen und Frauchen drehten sich jetzt erst um und hörten auf, sich gegenseitig anzuschreien. Sie bereuten, mich an der langen Leine gelassen zu haben. Beide wurden ganz rot im Gesicht und versuchten, den Verkäufer zu besänftigen.

„Er ist eben ein Hund und Hunde müssen pinkeln und schnüffeln, das ist ihre Natur“, verteidigte mich Frauchen.

„Aber nicht hier! Gehen Sie hoch zum Meisterturm, da gibt es genug Bäume, die nicht verkauft werden müssen“, motzte er vor sich hin.

Ich beobachte mit Schrecken, dass Herrchen seinen Geldbeutel zückte und dem Verkäufer ganze 75 € für das Bäumchen zusteckte, obwohl es nur 50 € kosten sollte. Ich bin nämlich eine Hündin, die Zahlen lesen kann. Schweigend und immer noch mit hochrotem Kopf luden

Frauchen und Herrchen das unscheinbare, schiefe und viel zu teure Bäumchen neben mich ins Auto. Zu Hause angekommen spritzte Frauchen den Weihnachtsbaum mit dem Gartenschlauch ab, damit er besser riecht. Das habe ich schon verstanden. Ich verschwand schuldbewusst in mein Körbchen und grübelte über meine Missetat, aber ich hatte kein schlechtes Gewissen, denn ich pinkelte nur, weil ich unbedingt musste.

Herrchen hatte inzwischen vom Dachboden das bunte Zeug geholt, das die Menschen Weihnachtsschmuck nennen. Danach schmückten beide – in schweigsamer Stille – den krummen Weihnachtsbaum.

Plötzlich prustete Frauchen los und konnte nicht mehr aufhören zu lachen, Herrchen stimmt mit ein. Versteh einer die Menschen!

„Das war der schnellste Christbaumkauf, den wir je erlebt haben. Vielleicht sollten wir jedes Jahr Adelheid den Baum aussuchen lassen“, meinte Herrchen. Frauchen entgegnete: „Ja, eigentlich sollten wir Adelheid dankbar sein und ihr als Belohnung ein großes Stück Fleischwurst aus dem Kühlschrank holen.“

Mir lief das Wasser im Mund zusammen. Frauchen ging zum Kühlschrank, ich folgte ihr schwanzwedelnd und bekam für meinen bepinkelten Baum tatsächlich ein Riesenstück Fleischwurst. Ich hätte nichts dagegen, wenn ich das im nächsten Jahr wieder tun darf.

Während ich in meinem Körbchen lag und den Leckerbissen genoss, aßen Frauchen und Herrchen Kartoffelsalat mit Würstchen, als das Telefon klingelte. Mutter Greta sprach über den Lautsprecher. „Wie geht es euch denn?“, fragte sie aus dem Handy. Ich entdeckte schmatzend, dass Frauchen die Augen rollte und Herrchen nicht genau wusste, was er Mutter Greta sagen sollte: „Uns geht es schlecht, und zwar allen. Wir haben Corona und dürfen von Weihnachten bis Silvester keinen Besuch empfangen wegen der Ansteckungsgefahr."

„Das klingt ja schrecklich", hörte ich Mutter Greta in Panik sagen. „Dann kann ich euch zu Weihnachten dieses Jahr leider nicht besuchen, Kinder, aber wir holen das nach. Und werdet schnell wieder gesund!"

„Kein Thema, Mutter", meinte Herrchen grinsend und verabschiedete sich.

Frauchen fiel Herrchen um den Hals und leckte ihn ab. Ich muss das nicht verstehen, ich bin ja nur ein Hund, der Dreck macht.

„Ich bin so glücklich", rief Frauchen. Herrchen konnte nicht antworten, weil Frauchen ihren Mund auf seinen gepresst hatte. Aber ich war auch glücklich:

„Wie schön Weihnachten doch sein kann."

Der Weihnachtsdieb

von Iris Otto

„Ich bin Erster!“ Mein Enkel Jannik stürmte triumphierend an seinem großen Bruder und mir vorbei und flitzte in das Treppenhaus.

„Renn Opa nicht über den Haufen“, rief meine Schwiegertochter hinter ihm her. Yvonne sorgte sich stets um ihre Lieben. Ein feiner Wesenszug, der von mir mehr geschätzt wurde als von ihrem sechsjährigen Sohn.

„Er kommt sowieso nicht in die Wohnung ohne Schlüssel“, stellte sein großer Bruder Milan fest.

Natürlich hatte Milan recht. Ich lachte leise in mich hinein. Schön, dass wir gemeinsam Weihnachten feiern konnten. Keuchend stieg ich die wenigen Treppenstufen bis zum ersten Podest empor.

„Papa, schließ auf!“, drängelte Jannik. „Ich will wissen, ob der Weihnachtsmann meine Carrera-Rennbahn gebracht hat.“

Mein Sohn beschwichtigte seinen Jüngsten: „Immer mit der Ruhe, junger Mann.“ Dann schloss er die Wohnungstür auf.

„Du wäschst dir als Erstes die Hände“, ordnete Yvonne an. „Papa schaut nach, ob wir überhaupt schon die Bescherung feiern können. Der Weihnachtsmann hat heute so viel zu tun, da kann es schon eine Weile dauern, bis er alle Kinder besucht hat."

„Was für eine Verarschung", murmelte Milan neben mir. Milan war in nahezu allen Bereichen das Doppelte von Jannik: Doppelt so alt, fast doppelt so groß und die Haare trug er mehr als doppelt so lang wie sein kleiner Bruder. Jannik zog die Mütze von seinem Kopf und zog eine Grimasse vor dem Spiegel, die sein Bruder mit einer rausgestreckten Zunge beantwortete.

„Warum ist es bei euch denn so kalt?" Ich schob einen Kleiderbügel in meinen Wollmantel. „Ist die Heizung kaputt? Milan, sei so lieb ..." Milan nahm meinen Mantel und hängte ihn an die Garderobe. Jannik stopfte seine Jacke unten in den Flurschrank und sauste ins Badezimmer. Ihm war wohl klar, dass alles andere die Bescherung nur hinauszögern würde, denn beim Händewaschen war seine Mutter kleinlich. Das plätschernde Wasser wurde von einem lauten Fluchen aus dem Wohnzimmer übertönt.

„Scheiße! Welcher Idiot hat die Balkontür offengelassen? Kein Wunder, dass die Wohnung eiskalt ist." Die Wortwahl meines Sohnes war zwar indiskutabel, aber der Situation durchaus angemessen.

„Der Weihnachtsmann", rief Jannik und stieß im Flur mit Milan zusammen.

Der verpasste seinem Bruder eine leichte Kopfnuss mit dem Kommentar: „Quatschkopf."

„Selber Quatschkopf. Außerdem hat Mama gesagt, nur liebe Kinder bekommen etwas vom Weihnachtsmann. Den anderen nimmt er die Geschenke wieder weg. Du kriegst nichts."

„Hört auf zu streiten“, ermahnte Yvonne ihre Jungs. Jannik rieb die nassen Hände an seiner Hose ab und drängelte sich zwischen seiner Mutter und mir hindurch, um ebenfalls einen Blick ins Wohnzimmer zu erhaschen. Der Weihnachtsbaum stand wie jedes Jahr bunt geschmückt auf einem kleinen Tisch. Das Verlängerungskabel lag einsatzbereit neben dem Stecker der Lichterkette. Die wenigen Geschenke unter dem Baum taten mir in der Seele weh. Die unsägliche Pandemie hatte meinem Sohn und seiner Frau vor Monaten den Arbeitsplatz geraubt. Waren ihre Gehälter in der Gastronomie vorher schon nicht üppig ausgefallen, blieb ihnen mit Hartz IV und den hohen Mietkosten im Vordertaunus jetzt gar kein Cent mehr übrig.

„Die Geschenke sind zu klein!“, rief Jannik und die Verzweiflung in seiner Stimme rührte mein Herz. „Da passt keine Carrerabahn rein.“ Fragend schaute er zu mir auf. Tröstend legte ich meine Hand auf seine Schulter. „Warte erst mal ab“, sagte ich und ließ meinen Blick über die Geschenke schweifen. Er hatte leider recht. Kein Paket war so groß, dass eine Carrerabahn drin sein könnte. Woher auch? Seine Eltern konnten sich keine leisten und meine schmale Rente fraß der Platz im Seniorenheim auf. Dabei hatte Jannik sich sehnlichst die Autorennbahn gewünscht. Beim Adventskaffee vor drei Wochen hatte er seinen Wunschzettel gebastelt. Jannik hatte sich beim Schreiben extra von Milan helfen lassen, zur Sicherheit sogar ein Bild aus einem Werbeprospekt ausgeschnitten, damit es zu keiner Verwechslung beim weihnachtlichen Bestelldienst kam. Wütend drehte er sich um und knuffte seinen Bruder in die Seite. „Du hast was Falsches auf meinen Wunschzettel geschrieben!“

„Spinnst du oder was?“ Milan legte seine Hand auf Janniks Stirn und hielt ihn so auf Abstand.

„Schluss jetzt!“ Yvonne schob die beiden Streithähne auseinander.

„Es liegt aber keine Carrerabahn unter dem Weihnachtsbaum“, schimpfte Jannik und kämpfte gegen die Tränen und den festen Griff seiner Mutter an.

„Lass Papa erst mal gucken, was hier überhaupt passiert ist.“

Jannik wischte über seine Augen und sah, so wie wir anderen, zu seinem Vater, der die Balkontür in Augenschein nahm. Mehrmals ließ Stefan seinen Finger über den verwitterten Holzrahmen und das Türschloss gleiten. Dann trat er auf den Balkon.

„Yvonne, hast du den Hocker an das Balkongeländer geschoben?“ Meine Schwiegertochter schüttelte den Kopf.

„Nein. Ich habe mittags nur den Kartoffelsalat zum Kühlen rausgestellt. Der Hocker stand wie immer unter dem Tisch.“

„Bist du dir sicher, dass du die Tür richtig verschlossen hast?“

„Absolut!“ Mein Sohn trat wieder ins Wohnzimmer und schob die Balkontür zu. „Dann möchte ich wissen, wer die Tür geöffnet hat.“

„Der Weihnachtsmann“, wiederholte Jannik.

„Einbrecher?“, fragte ich. „Wurde irgendwas gestohlen?“

„Meine Carrerabahn", murmelte Jannik. Alle verteilten sich in der Wohnung. Yvonne öffnete die Schublade des Garderobenschranks. Schnell zählte sie die wenigen Geldscheine in dem kleinen Ledermäppchen. „Hier fehlt nichts."

„Alles vollständig", rief Stefan aus dem Schlafzimmer.

„Wo ist mein Laptop?", kreischte Milan und streckte seinen hochroten Kopf aus der Kinderzimmertür. Wir rannten zu ihm. Die Suche blieb erfolglos. Der Rechner tauchte nicht wieder auf. Nun war es Milan, der heulte.

„Der PC war nigelnagelneu!" Es tat mir unendlich leid für den Jungen. Er hatte monatelang gejobbt, Zeitungen ausgetragen, bei fremden Leuten den Rasen gemäht, für alte Menschen eingekauft und jetzt war das gute Stück weg.

„Wir sollten die Polizei rufen", schlug ich vor.

„Es ist Heiligabend", gab Yvonne zu bedenken.

Milan zog den Rotz in der Nase hoch. „Ist doch egal. Je schneller die Polizei nach dem Einbrecher sucht, umso besser stehen die Chancen, meinen Laptop zu finden."

„Milan hat recht", erwiderte Stefan und holte das Telefon.

Wir mussten lange in der Küche ausharren. Die Polizei hatte darum gebeten, dass wir nichts anrührten, bevor sie den Einbruch begutachtet hätten. Der Kartoffelsalat war gegessen und Jannik schlief auf dem Schoß seiner Mutter, als es endlich klingelte. Sofort kam Bewegung in unsere verzagte Weihnachtsgesellschaft.

Die beiden uniformierten Polizeibeamten ließen sich von Stefan ins Wohnzimmer führen.

„Sind die Waffen echt?“, wollte Jannik verschlafen wissen und schob seine warme Hand in meine.

„Bestimmt“, raunte ich ihm zu.

„Auf wen schießen die?“

„Nur auf böse Leute“, versicherte ich meinem Enkel und drückte seine Hand.

„Wann haben Sie das Haus verlassen?“, fragte die junge Polizeibeamtin.

„Gegen vierzehn Uhr“, erwiderte Stefan. „Wir sind zunächst nach Glashütten gefahren, um meinen Vater abzuholen. Um sechzehn Uhr haben wir hier in Kelkheim den Weihnachtsgottesdienst besucht und gegen siebzehn Uhr waren wir wieder zu Hause. Da haben wir dann die offene Balkontür entdeckt.“

Der zweite Polizeibeamte inspizierte den Türrahmen. „Die Tür hat jede Menge Kratzer und Macken. Explizite Einbruchsspuren sind auf den ersten Blick nicht zu erkennen. Aber ganz ehrlich, die Türen und das ganze Haus sind schon ein paar Tage älter, oder?“

„Knapp sechzig Jahre“, antwortete Yvonne.

„Dachte ich mir“, sagte der Polizist. Mehrmals öffnete und schloss er die Balkontür und wackelte an dem Türgriff. „Die Tür ist total verzogen. Dafür braucht ein Profi bloß einen Schraubenzieher, ein Stück Draht und ein bisschen Kraft. Keine halbe Minute und die Tür ist offen.“

„Wer macht denn so etwas?“, fragte Yvonne hilflos. „Steigt einfach über den Balkon und bricht ein. Bei uns gibt es ja wirklich nichts zu holen.“

„Sie wohnen im Hochparterre. Es ist ein Klacks, auf den Balkon zu gelangen.“

„Milan ist auch schon mal darüber geklettert." Sein Geistesblitz brachte Jannik einen Seitenhieb von seinem Bruder ein. „Halt den Mund, du Blödmann."

„Milan war aber den ganzen Nachmittag bei euch, oder nicht?" Die Polizistin hockte sich vor Jannik in die Knie. Er nickte. „Dann kann er nicht gleichzeitig in eurer Wohnung gewesen sein."

Jannik gab nicht klein bei. „Der Weihnachtsmann war da."

Die junge Frau nickte. „Da hast du recht. Nur, der Weihnachtsmann bringt Sachen und nimmt sie nicht mit."

„Wenn Kinder böse sind schon. Oder Mama?"

Die Polizistin schmunzelte. „Ihr seid aber doch nicht böse, oder?" Jannik schüttelte den Kopf. „Trotzdem fehlen bei euch einige Dinge, oder?"

„Meine Carrerabahn, die ich mir gewünscht habe."

Die Polizistin lächelte. „Ich glaube, dafür sind wir nicht zuständig."

„Der Junge hat recht", sprang ich dem Kleinen bei und wich dem Blick meines Sohnes aus. „Das große Paket mit der Carrerabahn fehlt tatsächlich."

Der Polizeibeamte machte sich eine Notiz. „Was wurde noch gestohlen?"

„Mein nagelneuer Laptop", antwortete Milan. Der Polizist notierte sich den Herstellernamen und ließ sich von Milan den Kaufbeleg geben.

„Ist noch mehr gestohlen worden?"

„Fünfhundert Euro vom Haushaltsgeld", antwortete ich und deutete auf die immer noch geöffnete Schublade am Garderobenschrank.

Augenblicklich wanderten alle Augenpaare zu mir. Das war gewagt. Wenn sich jetzt jemand verplapperte, hatte ich ein Problem. Niemand sagte ein Wort.

„Noch etwas?“, wollte der Polizist wissen, nachdem er seine Notizen abgeschlossen hatte. Wir schüttelten den Kopf. „Haben Sie eine Hausratversicherung, die Diebstahl abdeckt?“ Stefan bejahte dies.

„Gut, wir nehmen die Anzeige auf. Ich habe allerdings wenig Hoffnung, dass wir den Einbrecher finden werden. Die Kollegen von der Spurensicherung sind aktuell bei einem Gewaltdelikt in Königstein tätig. Melden Sie den Schaden zusammen mit unserem Anzeigenprotokoll bei Ihrer Versicherung. Mehr können wir für Sie im Moment nicht tun.“

„Uff!“ Stefan ließ die Luft laut aus seinem Körper entweichen, sobald die Haustür hinter den beiden Polizisten ins Schloss gefallen war. „Was sollte das denn, Vater? Du kannst doch nicht behaupten, dass Geld und eine Autorennbahn geklaut wurden, wenn es gar nicht stimmt. Wir hätten in Teufels Küche kommen können.“

„Nein, nur ich.“ Insgeheim war ich selbst froh, dass dieser Leichtsinn nicht aufgeflogen war. „Ich wollte euch ein bisschen Luft verschaffen. Es tut mir leid, dass ich euch nicht mehr unterstützen kann.“

„Lass mal gut sein.“ Yvonne drückte mich liebevoll an sich. „Bevor du eine Anzeige bekommst, leben wir lieber bescheiden.“

Aus dem Wohnzimmer rief Jannik: „Können wir jetzt endlich die Geschenke auspacken?“

Den Stecker der Lichterkette hatte er bereits in das Verlängerungskabel gesteckt. Der geschmückte Weihnachtsbaum tauchte das Zimmer in ein warmes Licht. Der Jüngste durfte das erste Päckchen auspacken. So hatten wir es schon früher in unserer Familie gehalten. Janniks Jubelschrei war garantiert vom Keller bis in den achten Stock zu hören, als aus dem ersten Weihnachtspapier zwei Rennautos zum Vorschein kamen. Fragend sah ich die grinsenden Eltern an.

„Gebraucht gekauft", raunte mein Sohn mir zu. „Nur der Originalkarton war nicht mehr dabei." Dafür tauchten nacheinander aus verschiedenen Päckchen Geraden und Kurven sowie zwei Handregler auf. Der kleine Mann war wie im Rausch, während er seine Rennbahn aufbaute. Anders sah es bei Milan aus. Das neue Computerspiel wog schwer in seiner Hand und auf seiner Seele, jetzt, wo sein Laptop verschwunden war.

„Sobald die Versicherung bezahlt, bekommst du einen neuen Rechner", versprach Stefan. Milan nickte unter Tränen. Sogar Jannik erhob sich vom Boden und streichelte seinem großen Bruder über den Arm.

„Du darfst gern mit meiner Carrerabahn spielen, wenn ich auch mal an deinem Computer Autorennen fahren darf."

Milan blaffte zurück: „Mein Computer wurde geklaut, falls du es nicht mitbekommen hast, du Vollpfosten."

„Das stimmt doch gar nicht. Ich habe ihn nur versteckt, damit ihn der Weihnachtsmann nicht mitnimmt, weil du immer so frech bist."

Stefan war als Erster bei seinem Jüngsten und drehte ihn zu sich um. „Was hast du mit Milans Rechner gemacht?" Jannik sah unsicher zu seinem Vater auf.

„Milan hat gesagt, wenn ich vernünftig bin, darf ich auch mal mit seinem Computer spielen. Deshalb wollte ich nicht, dass der Weihnachtsmann ihn mitnimmt. Wo Milan doch manchmal so frech ist. Darum habe ich ihn unter meiner Matratze versteckt." Milan raste aus dem Wohnzimmer und kam wenige Sekunden später strahlend zurück.

„Ey, du bist so ein Blödmann, aber Danke schön, dass du ihn vor dem Einbrecher versteckt hast." Liebevoll knuffte er seinen kleinen Bruder in die Seite.

„Warum hast du das denn nicht gleich gesagt?", nahm Stefan seinen Junior in die Mangel.

Jannik zuckte mit den Schultern. „Die Polizisten hatten zwei Pistolen dabei. Ich wollte nicht erschossen werden, wenn ich etwas falsch gemacht habe."

Milan lachte sich kaputt. „Polizisten erschießen doch keine Kinder."

Jannik stimmte mit uns Erwachsenen in das Lachen ein. „Milan, wollen wir uns beim Autorennen abwechseln? Mal auf meiner Bahn und mal bei dir?"

„Von mir aus." Milan ließ sich auf die Couch fallen und klappte seinen Laptop auf.

„Auf den Schreck brauche ich was zu trinken." Stefan schenkte Wein in unsere Gläser.

„Mir ist es trotzdem unheimlich, dass ein Fremder in unserer Wohnung war." Yvonne konnte ihr Unbehagen nicht ablegen. Stefan reichte ihr ein Weinglas.

„Ich besorge nächste Woche zwei Riegel, die wir an dem Türrahmen befestigen. Einen oben und einen unten. Dann kann niemand mehr einbrechen."

„Das schadet bestimmt nicht", pflichtete ich meinem Sohn bei. Wir hoben die Gläser.

Jannik sah zu uns herüber. „Aber nicht so weit oben befestigen, Papa, sonst kann ich dem Weihnachtsmann nächstes Jahr nicht wieder aufmachen."

„Soll das etwa heißen, dass du..."

„Lasst uns anstoßen", forderte ich die Eltern auf, bevor diese über ihren Sohn herfielen, der zufrieden grinsend sein erstes Rennauto startete. „Auf den Weihnachtsdieb, der keinen Schaden angerichtet hat. Prost!"

Die Lebkuchen-Nikki

von Nicole Decher

Seit vielen Jahren arbeite ich in einem erfolgreichen Wirtschaftsunternehmen in Eschborn. Die Umsätze würden in diesem Jahr ein Rekordhoch erreichen. Deshalb entschied unsere Geschäftsleitung, dass die Weihnachtsfeier in diesem Jahr in einem größeren Rahmen als in den vergangenen Jahren stattfinden sollte. Meine Kollegen und ich erhielten eine offizielle Einladung zu einem Galadiner mit Übernachtung im exklusiven, romantischen Schlosshotel Rettershof. Unsere Belegschaft hat 40 Mitarbeiter, was bedeutet, dass unser Chef das komplette Hotel für unser Unternehmen buchen musste.

Zu diesem spektakulären Anlass musste ich nun ein perfektes Kleid finden, das mich schlank aussehen ließe und aus einem dehnbaren Stoff genäht sein sollte, sodass ich auch noch in der Lage wäre, mich zu bewegen. Eine anspruchsvolle Aufgabe, wenn man nicht Kleidergröße 38 trägt. Nach einem ganztätigen Ausflug ins Main-Taunus-Zentrum mit zwei mittleren Nervenzusammenbrüchen und Beruhigungsschokolade von Hussel fand ich das perfekte Kleid. Es übertraf meine Erwartungen, und in diesem zartrosa, mit Pailletten besetzten Ballkleid hätte sogar die Eisprinzessin auf mich neidisch werden können. Allerdings gab es ein kleines Problem. Das Kleid war ein Einzelstück und ein klein wenig zu eng. Die charmante Verkäuferin meinte allerdings, das Kleid passe hervorragend zu mir und noch hervorragender würde es passen, wenn ich drei Kilo abnehmen würde. Ich kaufte das Kleid und war zuversichtlich, dass ich es schaffen würde, die Kilos abzunehmen. Immerhin hatte ich noch 22 Tage Zeit bis zu dem Event.

Zwei Wochen vor der Betriebsfeier überraschte mich meine liebe Nachbarin aus Eppstein mit einem Blech selbst gebackenem Lebkuchen. Sie stand glücklich vor der Tür und erzählte mir, dass sie seit dem Tod ihres geliebten Mannes sehr einsam sei. Das Backen gäbe ihr das Gefühl, gebraucht zu werden. Bei so viel Tagesfreizeit hatte sie gleich mehrere Bleche gebacken und in der Nachbarschaft verteilt. Ich brachte es nicht über das Herz, dieser lieben Frau zu gestehen, dass ich für ein traumhaft schönes Ballkleid abnehmen musste. Den Lebkuchen musste ich deshalb annehmen, denn ich wollte die Gefühle der Nachbarin ja nicht verletzen. Außerdem liebe ich Lebkuchen über alles und die liebe, ältere, betagte Dame wollte mir halt eine gut gemeinte Freude bereiten. Herrje, ich bekam einen Anfall von Herzklopfen, Schweißausbrüchen, Gewissensbissen und Spucke, die sich in meinem Mund vor Genussgier ansammelte. Dennoch siegte mein Verstand und ich verwehrte der Lebkuchensucht ein Stück von meiner Leibspeise. Mir war bewusst, dass ich nicht allzu lange meinen Gelüsten widerstehen konnte und somit ratterten meine Gedanken nach einer Lösung. Ich brachte es nicht über das Herz, den Lebkuchen in den Mülleimer zu entsorgen.

Einfrieren war auch keine Option, denn in einem akuten Anfall von Lebkuchengier würde mich das nicht davon abhalten, hemmungslos zu schlemmen. Geteiltes Leid ist halbes Leid, oder gar kein Leid – ich erinnerte mich an diesen Spruch und hatte eine Idee. Es gab bestimmt lebkuchenhungrige Menschen, die sich über einen solchen Leckerbissen freuen würden, allerdings nicht in meiner Nachbarschaft. Die waren ja schon alle versorgt. Meine Arbeitskolleginnen mit ihrem permanenten Diätenwahn gehörten sicherlich nicht dazu. Auch mein übergewichtiger Vorgesetzter, der Süßes verabscheute und nur deftige Hausmannskost verspeiste, war als Abnehmer ungeeignet. Meine liebe Freundin Sabrina befand sich auf Kreuzfahrt und andere Freunde wohnten nicht in meiner Nähe. Aber ich hatte eine Idee, wem ich den gesamten Lebkuchen schenken könnte, nämlich dem Kindergarten. Freudig erregt rief ich dort an. Die Kindergartenleitung freute sich über meinen Anruf, teilte mir aber mit, dass sie den Kuchen nicht annehmen dürfe. Viele Kinder hätten Allergien und gerade eine Nussallergie könnte manchmal sehr gefährlich werden. Sie würde sich aber sehr über ein Stück für den Eigenbedarf freuen.

Nun hatte ich wieder ein Problem. Wenn ich nur ein Stück von dem Blechkuchen abschnitt, konnte ich ja nicht den restlichen Kuchen angeschnitten verschenken. Das sah nicht so schön aus. Nach einiger Überlegung fielen mir jedoch weitere Freunde ein, die sich bestimmt wenigstens über einen Teil des selbst gebackenen Lebkuchens freuen würden. Die größte Herausforderung war für mich, diesen nach Zimt und Schokolade duftenden Lebkuchen anzuschneiden, ohne dabei schwach zu werden und hineinzubeißen. Beim Schneiden mit dem großen Brotmesser hielt ich die Luft an, um nicht doch in Versuchung zu geraten, ein Stück zu essen. Ich war so konzentriert darauf, nicht zu atmen, dass ich mit dem Messer von der Schokoglasur abrutschte und mir eine tiefe Schnittverletzung in den linken Zeigefinger beibrachte. Das Blut spritzte über die Arbeitsfläche und ich hielt sofort meine Hand unter den Wasserhahn, um mit dem kalten Wasser die Blutung zu stillen. Die Schnittwunde schmerzte arg und erst nach 20 Minuten stoppte die Blutung. Ich musste einen Verband um meinen Finger wickeln, denn das Pflaster hielt der Blutung nicht stand.

Immerhin hatte ich erfolgreich den Kuchen in vier große Stücke geschnitten und musste ihn nun schnellstens verteilen, damit ich der bestehenden Gefahr der Versuchung nicht verfallen würde. Ich verpackte die Kuchenstücke, schnappte meinen Hund und wir marschierten euphorisch los zu der Mission *Nikkis Lebkuchenfreude*. Allerdings bemerkte ich nach einigen Metern, dass der Schnee sehr ungemütlich in mein Gesicht wehte und auch mein kleiner vierbeiniger Freund nicht glücklich über den Schnee war. Spontan kehrten wir um und ich entschied mich, für die Aktion das Auto zu nutzen.

Den ersten Stopp legte ich am Kindergarten ein. Der Leiterin überreichte ich das erste Stück. Sie freute sich riesig und ich freute mich noch mehr. Es war also doch nicht so schwer, den Kuchen zu verteilen. Jetzt hatte ich schon ein Viertel abgegeben und ich wusste auch schon, an wen ich die anderen Stücke verteilen würde. Letztendlich hatte ich ja nur noch drei Viertel.

Mein nächster Stopp war an meiner Lieblingsboutique *schoenesundmehr*. Die Besitzerin Diana freute sich immens über den Überraschungsbesuch. Normalerweise verbringe ich dort einige Zeit, um all die neuen schönen Dinge zu entdecken. Heute hatte ich dafür allerdings keine Zeit, denn ich war ja der Lebkuchenexpress.

Mein nächster Besuch bei einer Bekannten verlief nicht erfolgreich, denn sie war nicht zu Hause. Spontan entschied ich mich deshalb, eine ehemalige Kollegin in Niederjosbach zu überraschen. Eigentlich wollte ich gar nicht so weit fahren, denn das Schneetreiben wurde dichter und die Straßen waren mittlerweile schneebedeckt. Ich fuhr vorsichtig und erreichte dann auch das zugeschneite Niederjosbach. Allerdings wohnte sie ziemlich weit oben auf dem Berg und ich war nicht sicher, ob ich diese einsame Straße am Waldesrand befahren konnte. Glücklicherweise war sie zu Hause, sehr erfreut und dankbar über meine herzliche Art. Jetzt war nur noch ein Viertel des Kuchens übrig.

Die Rückfahrt gestaltete sich abenteuerlich. Durch den starken Schneefall hatte ich Schwierigkeiten, die Straße zu sehen und leider fuhr ich über den Bürgersteig in einen Garten. Die Weiterfahrt war nicht mehr möglich, denn mein Auto hatte sich festgefahren und die Reifen drehten durch. Durch die Anspannung verkrampften meine Hände und die Schnittwunde platzte wieder auf. Nun tröpfelte das Blut über das Lenkrad auf meine Jeans. Mein Hund versuchte, das Blut abzulecken und ich musste ihn abwehren. Dabei verschmierte ich sein helles Fell mit Blut. Mittlerweile kam die Eigentümerin des Gartens zu meinem Auto. Beim Anblick des blutigen Hundes schrie sie aufgeregt. Ich beruhigte sie und erzählte ihr von meinem Dilemma. Sie hatte eine Idee und wir entschieden, einen alten Teppich unter die Räder zu legen. So sollten die Reifen wieder Halt bekommen, damit ich endlich weiterfahren könnte. Den Hund sperrten wir ins Auto und zusammen versuchten wir, mein Auto in die richtige Spur, nämlich auf die Straße, zu bringen. Es war gar nicht so schwer und wir schafften es zusammen. Frauenpower sei Dank. Um mich bei dieser netten Dame erkenntlich zu zeigen, bot ich ihr meinen restlichen Kuchen an und ich jubelte bereits innerlich. Allerdings entgegnete sie, dass sie wegen Gewichtsprobleme auf eine ausgewogene Ernährung achten müsse und mein Lebkuchen passte nicht in ihr Ernährungskonzept. Ich konnte es nicht glauben, niemand wollte meinen restlichen Lebkuchen und er blieb, wie ein Fluch, bei mir.

Ich verabschiedete mich und fuhr angepasst an die winterlichen Straßenverhältnisse Richtung Eppstein. Der Duft von frischem, lecker riechendem Lebkuchen stieg in meine Nase und ich bemerkte, wie sich mein Hirn und mein Herz einen Wettkampf um das schnellste Pochen lieferten. Dieser Unfall hatte sehr an meinen Nerven gezerrt und ich brauchte dringend Nervennahrung. Mittlerweile war mir fast alles egal. Eine Minute später besiegte mein Herz das Hirn und ich stopfte mir mit Hingabe und wilder Leidenschaft den so leckeren restlichen Lebkuchen gierig in den Mund. Mein Gewissen konnte ich ausschalten und meine glückliche Seele streichelte meinen vollen Bauch.

Nachdem ich alles aufgegessen hatte, schaltete sich mein Gehirn wieder ein und die Gewissensbisse waren leider richtig groß. Zeitgleich meldete sich auch mein Magen – kein Wunder nach dieser Völlerei. Zu diesem Zeitpunkt schwor ich mir, dass ich nie, nie mehr in meinem Leben Lebkuchen essen wollte. Mir war so schlecht, schlimmer als nach einer durchgefeierten Nacht.

Den Abend verbrachte ich dann mit Körnerkissen und Fencheltee.

Einen Tag vor dem großen Event war ich entspannt und sah sehr gelassen aus. Als Plan B hatte ich mir nämlich eine Bauchwegunterhose aus dem Internet bestellt. Mit diesem Kleidungsstück wurde alles überschüssige Fett am Bauch zusammengepresst. Damit passte ich garantiert in mein Prinzessinnenkleid. Diese Hose war der Traum jeder Frau mit Problemzonen, denn diese wurden einfach komprimiert. Allerdings war diese Unterwäsche auch sehr hässlich und auf jeden Fall ein Liebestöter. Sie erfüllte jedoch ihren Zweck und so konnte ich entspannt der Weihnachtsfeier entgegensehen.

Als ich dann aber am Abend der Weihnachtsfeier das Kleid anzog, passte es mir komischerweise sogar ohne die unbequeme Bauchwegunterhose. Ich konnte sogar noch atmen und mich bewegen. Das Christkind hatte mir wohl einen Wunsch erfüllt – vielen Dank dafür.

Die Weihnachtsfeier war grandios. Der Rettershof war sehr aufwendig dekoriert und das Ambiente zauberhaft. Bisher hatte ich noch keine weihnachtlichen Gefühle, doch hier bekam ich sie. Alles war liebevoll bis in das kleinste Detail geplant. Das Meer von Kerzen und warmem Licht harmonierte mit den Klängen eines professionellen Pianisten. Ich fühle mich wie in einer anderen Welt und war verzaubert. Ein wenig kam ich mir vor wie Alice im Wunderland. Ich bekam sehr viele Komplimente für meine Figur und mein perfekt sitzendes Kleid. Den gesamten Abend tanzte ich ausgelassen und hatte sehr viel Spaß. Ich war die Dancing Queen des Abends. Es gab ein gigantisches Büfett und auch dort griff ich beherzt zu, ohne auf die Kalorien zu achten. Das Leben ist schön und manchmal sollte man einfach das machen, wonach einem der Kopf steht. Carpe diem!

Das Buch der Wünsche

von L.T. Hoffmann

„Stell dir das doch mal vor“, meinte Silas aufgeregt. „Finn und Silas – die Meteoriten-Sucher aus Steinbach!“ Dabei beschrieb sein Arm einen Halbkreis, als könne er den gleichlautenden Titel in einer absatzstarken Zeitung direkt vor sich sehen.

„Oder: Finn und Silas – Jäger des gefallenen Schatzes!“, schlug Finn seinerseits grinsend vor.

Silas lachte. „Der ist gut. Aber erst einmal müssen wir ihn finden. Falls er existiert, heißt das.“

Finn zuckte mit den Schultern. „Keine Ahnung. Opa meinte nur, er habe etwas Komisches am Himmel gesehen, etwas Leuchtendes, das im Zickzack flog. Und dann fiel etwas davon ab und landete hier irgendwo ... vermutlich.“

Silas nickte. Die Geschichte hatte ihm Finn bereits erzählt. Aber es klang einfach zu verrückt: Ein komisches, leuchtendes Etwas, das zwei Abende vor Weihnachten über den Himmel geflogen und von dem dann etwas heruntergefallen war? Klang jetzt nicht unbedingt nach einem Meteoriten. Andererseits hatte er keine Ahnung, was typisch für einen herunterfallenden Himmelskörper war. Von einem Zickzack-Flug hatte er bisher jedenfalls noch nichts gehört.

Um das Geheimnis zu lüften, waren sie früh am Morgen mit gepackten Rucksäcken in Steinbach aufgebrochen und hatten sich auf den Weg gemacht. Sie hatten die verschneite Stadt in nordwestlicher Richtung verlassen und den Wald hinter der Schule betreten. Hier folgten sie dem Waldweg tiefer in den Wald hinein.

„Es könnte aber auch ein Ufo gewesen sein“, überlegte Silas und tippte sich mit dem Handschuh ans Kinn.

„Ein Ufo?“, fragte Finn zweifelnd und schüttelte grinsend den Kopf.

„Was denn?“, schnaufte Silas, grinste dann aber selbst. „Wär doch voll cool! Dann könnten wir vielleicht mitfliegen.“

„Ja genau! Wir fliegen dann mit den Aliens zum Mond.“

„Oder zum Mars!“

„Entschuldigung, Frau Alien, darf ich vielleicht mitfliegen?“, sprach Finn mit verstellter Stimme und verbeugte sich tief.

Silas kicherte und nahm dann ebenfalls eine Rolle ein: „Aber natürlich, Herr Alien, ein Abstecher zum Saturn passt ganz ausgezeichnet in unseren Zeitplan!“

Beide prusteten los und ahmten Fluggeräusche und das Piepsen technischer Geräte nach. Es folgte ein synchroner Countdown, der in einem kurzen Sprint über den schneebedeckten Waldweg gipfelte. Dann sahen sie sich wieder um und suchten die Umgebung ab. Doch sie sahen nichts als Bäume, Gehölz und Schnee.

„Schauen wir mal", meinte Silas schließlich. „Viel Zeit haben wir jedenfalls nicht. In wenigen Stunden wird die Sonne wieder untergehen."

„Ich habe zwei Taschenlampen dabei, keine Sorge", versicherte Finn und klopfte auf seinen Rucksack.

„Die werden wir auch brauchen. Hier im Wald ist es viel dunkler als außerhalb."

Silas hatte recht. Im Wald war es bereits jetzt deutlich dämmriger als in Steinbach. Wenn die Sonne unterging, würde es hier im Wald zudem viel schneller dunkel werden. Sie mussten sich also beeilen, wollten sie mit ihrer Suche Erfolg haben.

Zum Glück kamen sie gut voran. Der Weg, der sie immer tiefer in den Wald hineinführte, war breit und trotz des Schnees gut begehbar. Zudem kannten sich die Jungs hier gut aus, denn sie waren häufig in diesem Waldstück zwischen Kronberg und Oberursel unterwegs. Für gewöhnlich begaben sie sich aber nicht mitten im Winter auf eine so lange Erkundungstour. Und schon gar nicht, nachdem es zwei Tage und Nächte ununterbrochen geschneit hatte. Aber die Geschichte von Finns Opa war einfach zu spannend gewesen. Zu Hause zu bleiben und das, was da vom Himmel gefallen war, jemand anderem zu überlassen, war keine Option gewesen. Also hatten sie in aller Früh ihre Sachen gepackt und nach einem ausgiebigen Frühstück das Haus verlassen, um das Unterholz nach etwas abzusuchen, das wie ein Ufo oder ein Meteorit aussah. Oder wie sonst etwas, das glänzend und im Zickzack fliegend spätabends vom Himmel gefallen sein könnte.

Nach einer Weile des Wanderns und Suchens blieb Silas stehen. „Das ist doch blöd."

„Was?", Finn drehte sich zu Silas um.

„Na, als ob das Ufo hier mitten auf dem Weg notlanden würde!"

Finn grinste.

„Oder halt irgendetwas anderes", ergänzte Silas.

„Hast du eine bessere Idee?"

Silas zuckte mit den Schultern. „Wir gehen einfach querfeldein."

Finn sah sich um. Um sie herum sah alles gleich aus. „Meinetwegen. Wie wäre es da lang?" Er zeigte wahllos in eine Richtung.

„Perfekt!", meinte Silas und folgte seinem Freund, der den Waldweg an einer sanften Rechtskurve nach links verließ.

Abseits des Weges gestaltete sich das Vorankommen deutlich schwieriger: Der Schnee verbarg das Unterholz so gut, dass die Jungs Schwierigkeiten hatten, unfallfrei darüberzulaufen. Immer wieder gerieten sie ins Straucheln. Die Unebenheiten des Waldbodens taten ihr Übriges, um jegliche Wander- und Abenteuerlust langsam aber sicher schwinden zu lassen. Kein Wunder, dass schließlich beide frustriert stehen blieben. Silas fand einen dicken Baumstamm und müde legten sie eine Pause mit Müsliriegel und lauwarmem Tee ein.

„Also, wenn wir dieses verdammte Ufo wirklich finden", begann Finn kauend, „dann fliegen wir damit wieder nach Hause. Ich habe keine Lust, den ganzen Weg wieder zurückzugehen."

Silas nickte. „Ich fürchte aber, dass wir bald umdrehen müssen. Es wi..." Silas sah nach oben und stutzte. „Was ist das? Eine Kiste?"

Finn folgte Silas' Fingerzeig und machte ein paar Schritte auf den Baum zu, auf dessen unterster Astgabel ein großer Gegenstand lag. „Wie kommt die denn dahin?"

Silas zuckte nur mit den Schultern. Kurzerhand begannen sie die Umgebung nach einem größeren Stock abzusuchen, um dann anschließend den Gegenstand mit ein wenig Fingerspitzengefühl von der Astgabel zu schieben. Dumpf versank er einige Zentimeter im Schnee, ehe er mit einer Mischung aus Neugierde und Unglauben geborgen wurde.

„Ein Buch?!" Silas sah irritiert auf den roten Samteinband, der trotz seiner Abnutzung liebevoll gepflegt wirkte. Nur das Holz der Eiche, in der er gelandet war, hatte hässliche, dunkle Flecken hinterlassen. Silas betrachtete das Buch eingehender. Einen Titel suchte der Junge vergeblich.

„Schlag doch mal auf!", drängte Finn, als er den ungewöhnlich silbern-glänzenden Buchschnitt sah.

Mit dem Öffnen des Buchdeckels ertönte ein zartes Klingeln, das an ein sehr kleines Glöckchen erinnerte. Gespannt blätterte Silas weiter und entdeckte auf der ersten Seite eine handschriftliche Eintragung, die er Finn ungläubig vorlas: „Dieses Buch gehört dem Weihnachtsmann?!" Silas schüttelte amüsiert den Kopf. „Als ob!"

„Vielleicht ist es sein Tagebuch", schlug Finn breit grinsend vor.

„Der Weihnachtsmann schreibt Tagebuch?“, Silas’ Brauen zogen sich zweifelnd zusammen.

„Weiß ich doch nicht“, gab Finn schulterzuckend zu. „Vielleicht. Oder es ist ein Fotoalbum.“

„Mit was? Fotos vom Weihnachtsmann beim Strandurlaub?“

„Oh ja, der Weihnachtsmann in Flipflops!“

„Und mit Strohhut!“

Beide grinsten und blätterten neugierig durch die Seiten. Doch Fotos fanden sie in diesem Buch keine.

„Was soll das denn heißen: ‚Martin (4): Eisenbahn‘?“ Silas blätterte weiter. „Oder hier: ‚Selma (5): Puppe mit Raumanzug‘?“

„‚Pawel (5): Glitzerstifte und Tierstempel, ... Yazel (7): Hüpfseil ... Weißt du, was das ist?“, fragte Finn und tippte mehrmals auf den Text. „Das sind Wünsche! Weihnachtswünsche!“

„Du meinst ...“

„Ich meine, dass das hier das Buch des Weihnachtsmannes ist, in dem er die Wünsche aller Kinder auf der ganzen Welt sammelt!“, beendete Finn den Satz triumphierend.

Silas nickte langsam, ehe er mit dem Kopf schüttelte. „Das ergibt doch keinen Sinn. Woher sollte er all die Wünsche denn haben?“

„Na von...“, Finn überlegte angestrengt. „Hat der Weihnachtsmann nicht diese Zwerge? Diese ... Weihnachtswichtel?“

„Schon“, bestätigte Silas. „Aber ich dachte immer, dass die für die Geschenke zuständig sind.“

„Hm ... Ok, machen wir einen Test“, schlug Finn vor und blätterte eine Weile zielstrebig in dem Buch herum, bis er auf einer Seite innehielt. Das Buch hielt er dabei so, dass Silas den Text nicht lesen konnte. Dann beugte er sich verschwörerisch grinsend zu Silas. „Was wünscht sich deine Schwester zu Weihnachten?“

Da musste Silas nicht lange überlegen: „Einen Baustellenkran.“

„Und ein Furzkissen“, ergänzte Finn amüsiert und zeigte auf den entsprechenden Eintrag in dem Buch.

„Das sieht ihr ähnlich“, murmelte Silas grinsend.

„Glaubst du mir jetzt?“

„Muss ich wohl ... Aber wenn das Buch wirklich dem Weihnachtsmann gehört, wie ist es dann hierhergekommen?“

Finn erinnerte ihn an die Geschichte mit dem heruntergefallenen Himmelskörper. Es bestand die Möglichkeit, dass das, was Finns Opa herunterfallen gesehen hat, tatsächlich das Buch war, das Silas gerade in Händen hielt. Dessen Mundwinkel sanken nach unten, als sich seine Chancen, ein echtes Ufo zu finden, in Luft auflösten.

„Und was machen wir jetzt?“

„Jetzt geben wir dem Weihnachtsmann sein Buch zurück.“ Finn begann in seinem Rucksack zu kramen und holte kurze Zeit später Zettel und Stift hervor. „Ich habe mit meiner Mutter früher immer Wunschzettel geschrieben und sie dann per Post an den Weihnachtsmann geschickt“, erklärte er und schrieb:

Hallo Weihnachtsmann,

wir haben dein Buch gefunden. Triff uns im Wald im Taunus. Wir warten hier auf dich. Es eilt! Komm bitte persönlich.

Finn und Silas

Silas sah seinen besten Freund skeptisch an.

„Na, wenn ich schon einmal die Möglichkeit habe, ihn zu sehen!“, verteidigte sich Finn mit einem Achselzucken, faltete den Brief zusammen und ergänzte *An den Weihnachtsmann am Nordpol. Persönlich!* Als er Silas den Brief reichen wollte, um den Stift wieder einzupacken, begann das Papier plötzlich zu leuchten. Finn erschrak und ließ den Brief los. Doch anstatt auf den Boden zu fallen, schwebte er wie von Geisterhand vor ihnen und mit einem zarten Klingeln löste er sich vor ihren Augen in Luft auf.

Währenddessen saß Bloke an seinem Schreibtisch und sortierte die Briefe, die täglich auf dem Postamt am Nordpol eintrudelten. So kurz vor Weihnachten wuchs der Berg großer und kleiner, weißer und bunter Briefumschläge so massiv, dass zwei riesige Lagerhallen nötig waren, um alle Briefe bis zur Abfertigung unterbringen zu können.

Das war natürlich zum Großteil Blokes Verdienst. Als der Weihnachtsmann ihn, den tüchtigsten aller Postamtwichtelinnen und -wichtel, zum Chef seiner Abteilung gemacht hatte, wurde die Abfertigung der internationalen Weihnachtspost mit frischen Ideen und viel Tatendrang perfektioniert und das Weihnachts-Postamt so zu einer attraktiven Jobalternative für alle Weihnachtswichtelinnen und Weihnachtswichtel des Nordpols ausgebaut. Bloke hatte mit vor Stolz geschwellter Brust jedem ungefragt sein schwarz-gold besticktes Posthornemblem unter die Nase gehalten. Damals war ihm das sehr wichtig gewesen. Heute würde er das Emblem am liebsten vor den Blicken anderer verbergen.

Mit einem tiefen Klingeln erschien ein riesiger Sack neuer Briefe neben ihm auf dem Boden. Bloke trat schnaufend dagegen. Noch mehr Post. Allmählich reichte es aber! Hatten sich diese Menschenkinder nicht schon genug gewünscht? Aber nein, ihnen fiel immer noch mehr ein, was sie unbedingt haben wollten. Gieriges Pack!

Er griff sich einen Stapel neuer Briefe, öffnete jeden einzelnen und entnahm die Schriftstücke. Mürrisch hämmerte er den Eingangsstempel auf das Stempelkissen und drückte ihn lieblos auf die Briefe. Dann steckte er diese in einen großen Schuber und nahm die nächsten zur Hand. Es dauerte eine ganze Weile, ehe er merkte, dass das Stempelkissen keine Tinte mehr von sich gab.

Wütend warf Bloke den Stempel in die Ecke und trat mehrmals gegen den Sack. Schnaubend nahm er die letzten Briefe zur Hand, die allesamt ohne sichtbaren Stempel im Schuber gelandet waren, und wollte sie gerade zerreißen, als plötzlich ein helles Klingeln ertönte. Ein Licht erschien und dann verwandelte sich dieses Licht in einen Brief.

Bloke hielt inne. „Wo kommst du denn her?“, murmelte er, als er den Brief aus der Luft pflückte und genauer betrachtete. „Kein Umschlag“, stellte er fest. Bloke hob irritiert die Brauen. Warum war dieser Brief so kurz vor Weihnachten einfach so einsam in diesem Postamt erschienen? Und warum war er nicht mit allen anderen Briefen in dem großen Sack dort angekommen? War er etwa nicht den üblichen Postweg über Briefkasten oder Hauswichtel gegangen? Aber wie konnte das sein?

Bloke faltete den Brief auseinander und las. Dann wurden seine Augen groß. „Kann das ...“, stotterte er atemlos. Mit einem waghalsigen Satz sprang er über den Briefsack und rannte quer über den verschneiten Hof direkt auf den Parkplatz des Nordpols zu. Tinsel, die gerade dabei war, den Schlitten des Weihnachtsmannes zu reparieren, sah Bloke entgegen.

„Was ist denn mit dir los?“, fragte Tinsel und wischte sich die schmutzigen Hände an einem Lappen ab.

„Keine Zeit!“, rief Bloke und schwang sich auf eines der Wichtel-Mopeds. Mit wenigen Handgriffen startete er das Fahrzeug.

„He! He, warte mal!“, rief Tinsel und wollte gerade zu Bloke eilen, als der schon losfuhr, abhob und in rasender Geschwindigkeit am Himmel verschwand. Tinsels Rufe verhallten ungehört.

„Und nun?“, fragte Finn und versuchte angestrengt, sich das große, schwere Buch einigermaßen angenehm unter den Arm zu klemmen.

„Keine Ahnung", Silas zuckte mit den Schultern. „Wirklich weit weg können wir ja jetzt nicht mehr gehen, sonst findet er uns ja nicht."
Das hatte Finn nicht bedacht. „Dann hoffe ich mal, dass er sich beeilt. Es wird bald dunkel."

„WENN er denn kommt."

Sie beschlossen zum Waldweg zurückzulaufen. Schließlich war ihre Ortsangabe im Brief nicht sonderlich genau gewesen. Sollte der Weihnachtsmann tatsächlich kommen, müsste er sie ohnehin suchen – sei es nun auf der kleinen Lichtung im Wald oder auf dem Weg Richtung Steinbach. Auf dem Weg standen aber zumindest die Bäume so weit auseinander, dass eine Landung für einen Schlitten mitsamt einigen Rentieren kein Problem darstellen sollte.

Als sie den Waldweg fast erreicht hatten, hörten sie aus der Ferne ein Geräusch, ein fernes Rattern, das lauter und immer lauter wurde, bis sich beide sicher waren, dass sich ihnen ein Fahrzeug näherte. Daher blieben sie stehen und sahen sich in beide Richtungen des Weges nach Scheinwerfern um. Doch obwohl das Geräusch eindeutig lauter wurde, blieb der Wald dämmrig. Da entdeckte Finn plötzlich einen hellen, goldenen Lichtstreif am Himmel, der sich ihnen rasch näherte.

„Ich glaubs nicht", murmelte Silas.

Mit vor Staunen offenen Mündern traten beide nun vollends auf den Waldweg. Finn überlegte, ob er winken sollte, entschied sich dann aber doch dagegen und senkte seinen Arm wieder. Irgendwie hatte er ein komisches Gefühl, das er sich nicht wirklich erklären konnte. Auch Silas schien es so zu gehen. Skeptisch beobachtete er den Lichtstreif, an dessen Spitze immer deutlicher ein Moped zu erkennen war, das schließlich mit einem unangenehm lauten Rattern vor ihnen auf dem Waldweg zum Stehen kam. Der Fahrer, ein schlaksiger Typ mit spitzen Ohren, stieg unbeholfen von seinem Fahrzeug. Dabei blieb er mit dem Fuß hängen und hätte die Maschine beinahe umgeworfen, konnte sie aber gerade noch auffangen.

„Ähhh ... bist du der Weihnachtsmann?“, fragte Silas ungläubig und betrachtete den Fremden eingehend: Zwar trug er weihnachtlich-rote Kleidung, allerdings hatte die ihre beste Zeit bereits hinter sich. Hier und da entdeckte Silas ein paar unschöne Flecken auf dem kräftigen Rot des Stoffes. Der vorletzte Knopf des Hemdes fehlte und die Brusttasche löste sich an einer Ecke. Doch am meisten irritierte ihn das gold-schwarze Posthorn-Emblem, das auf der linken Brustseite des Fremden prangte.

„Der Weihnachtsmann? Ich?“, fragte Bloke irritiert, ehe er sich besann und nach einer kurzen Pause die Hände triumphierend in die Seiten stemmte. „Genau! Ja! Der bin ich! Also ... der Weihnachtsmann!“ Er räusperte sich. „Was dachtet ihr denn?“

Silas schielte zu Finn, dessen Augenbraue in dem Moment langsam in die Höhe wanderte. Auch ihm war das Emblem nicht entgangen.

„Na ja ...“, begann Silas. Irgendwie mussten sie herausfinden, wer da vor ihnen stand. Er warf Finn einen vielsagenden Blick zu, der kaum erkennbar nickte. Er hatte verstanden. „Wir dachten ... du wärst älter.“

„Und dicker“, ergänzte Finn.

„Viel dicker!“

„Und mit Bart.“

„Richtig.“

„Und mit Schlitten.“

„Und Rentieren.“

„Und irgendwie ... weniger ...“, Finn rang mit den Worten. „Also irgendwie anders.“

„Weihnachtlicher“, fügte Silas überlegend hinzu und Finn nickte zustimmend.

Bloke zog seinen abgewetzten Wichtelanzug glatt und richtete seine fransige Zipfelmütze. „Ich hatte es eben eilig“, erklärte er scharf. „Immerhin habt ihr das Buch des Weih...“, er räusperte sich schnell, „... des Weihnachtsfestes gefunden. Da musste ich mich natürlich beeilen!“

Die Jungs bezweifelten, dass Zeitdruck der einzige Grund dafür war, um so fertig auszusehen. Doch sie behielten dies für sich. Silas übernahm das Buch von Finn, der seine Arme ausschütteln musste. Bloke folgte der Bewegung mit den Augen.

„Jedenfalls ... ich will euch auch nicht länger aufhalten. Schließlich ist ja bald Weihnachten und ihr habt sicher noch viel zu Hause zu tun, hm?“ Bloke trat näher. „Ich nehme jetzt das Buch und bringe es zum Nordpol zurück.“

Er streckte die Hände aus, um das Buch an sich zu nehmen, doch Finn stellte sich ihm beiläufig in den Weg. „Ich finde es ziemlich cool, dass der Weihnachtsmann tatsächlich vor uns steht. Oder Silas?“ Sein Freund nickte. „Ich meine, wann hat man denn schon mal die

Gelegenheit dazu, den echten Weihnachtsmann vor sich zu haben?“

„Fährst du eigentlich immer mit diesem Moped?“, wollte Silas wissen und deutete auf die klapprige Maschine, deren schiefes Auspuffrohr sehr gut zu den Dellen und Kratzern passte, die das Moped rundherum aufwies.

„Ähm, nein, eigentlich habe ich einen Schlitten und...“

„Und wo ist der?“, unterbrach ihn Finn, dessen Brauen neugierig nach oben rutschten.

Bloke grummelte: „Der Schlitten ist kaputt.“

Finn und Silas sahen Bloke erschrocken an. „Kaputt? Was meinst du mit kaputt? Fällt jetzt Weihnachten aus?“

„Nein, nein“, Bloke hob beschwichtigend die Hände und versuchte ein beruhigendes Lächeln aufzusetzen. Doch der zuckende Mundwinkel und die fehlenden Lachfältchen entgingen den Jungs nicht. Ebenso wenig entging ihnen ein weiterer goldener Lichtstreifen, der plötzlich am Himmel auftauchte und geräuschlos näherkam. „Allerdings sollte ich mich nun wirklich auf den Weg machen und...“

„Aber wie willst du alle Geschenke auf das Moped da kriegen. Das ist doch viel zu klein!“, gab Silas zu bedenken.

Bloke atmete tief durch und sein Blick verengte sich. „Das wird schon klappen. Und jetzt gib mir das Buch!“

„Ja, und wenn nicht?“, entgegnete Finn. „Nachher verlierst du die Geschenke oder – noch schlimmer – hast einen Unfall, oder so!“

Langsam schloss sich Blokes Hand zur Faust. „Ich sagte: Gib mir das Buch!“, zischte er.

Unauffällig schaute Silas wieder nach oben und sah gerade noch, wie der goldene Lichtstreifen lautlos über den Baumwipfeln hinter Bloke verschwand. „Natürlich bekommst du das Buch, du bist ja schließlich der Weihnachtsmann“, begann er nickend. „Wir wollen nur nicht, dass es auf diesem klapprigen Ding da wieder verloren geht. Immerhin war es ganz schön schwer zu finden gewesen.“

„Gibt es eigentlich so etwas wie Finderlohn?“, fragte Finn neugierig und tippte sich mit dem Finger nachdenklich ans Kinn. „Ich hätte schon mal Lust, mit dem Schlitten mitzufahren.“

„Oh ja, ich auch! Und ich würde total gern mal ein Rentier streicheln!“

„Gute Idee! Sind die eigentlich gerade alle am Nordpol?“

„Muss ganz schön kalt sein da.“

„Die haben doch Fell“, erklärte Finn. „Die frieren nicht.“

„Ach ja, stimmt“, murmelte Silas.

Blokes Gesicht wurde rot. Er bemühte sich sichtlich, nicht die Fassung zu verlieren. Doch seine Faust zitterte. „Ihr verdammten Menschenkinder!“, presste er wütend hervor. „Ich habe nicht alles, was ich habe, aufs Spiel gesetzt, nur um jetzt von euch beiden an der Nase herumgeführt zu werden!“

„Ach ja? Wer führt denn hier wen an der Nase herum?“, entgegnete Silas nun ebenfalls verärgert. „DU hast dich doch als Weihnachtsmann ausgegeben! Dabei bist du nur ein ... ein ... was bist du eigentlich?“

„Ich bin ein Wichtel, verdammt!“, zischte Bloke und trat näher. „Und jetzt gib mir das Buch, Junge!“

„Nein!“, sagten beide bestimmt.

Dann überschlugen sich die Ereignisse: Bloke setzte plötzlich an, um auf die Jungen loszusprinten und das Buch an sich zu reißen. Doch er kam nicht weit, denn wie aus dem Nichts rauschte ein weiteres Moped in einem wahnsinnigen Tempo heran, schoss zwischen Bloke und die Jungen und bremste scharf.

„Steigt auf! Schnell!“

Ohne darüber nachzudenken, klemmte Silas das Buch fest unter den Arm, ergriff die Hand, die ihm entgegengestreckt wurde, und schwang sich auf das Moped. Kaum hatte sich Finn hinter Silas auf den Sitz geschwungen, raste das Fahrzeug auch schon los und hob nach wenigen Metern ab. Nur Augenblicke später hatten sie die Baumwipfel passiert und sahen zu, wie die Bäume, Steinbach und schließlich der gesamte Taunus unter ihnen kleiner wurden und verschwanden.

„Ich glaube, er folgt uns nicht“, rief Finn gegen den Fahrtwind und augenblicklich wurde das Moped langsamer.

„Ich trau der Sache nicht. Bloke ist einiges zuzutrauen.“

Finn und Silas sahen neugierig in die besorgten Augen der Mopedfahrerin. Ihre spitzen Ohren, die durch Löcher an ihrem Helm herauslugten, wackelten im Wind. Eine Fliegerbrille saß auf ihrer Nase.

„Du kennst den Kerl?“, fragte Silas laut.

„Ja, Bloke und ich sind Kollegen ... sozusagen“, erklärte sie. „Wir gehören zu den Wichtelinnen und Wichteln des Weihnachtsmannes. Ich bin übrigens Tinsel, Mechanikermeisterin des Nordpols!“

„Ich bin Finn und das ist Silas.“

„Finn und Silas, Finder des Buches der Wünsche“, meinte Tinsel mehr zu sich selbst. „Klingt gut!“

„Ist dies das Buch des Weihnachtsmannes, in dem er die Wünsche der Kinder sammelt?“, wollte Finn wissen.

„Genau, alle Weihnachtswünsche, egal ob ausgesprochen oder aufgeschrieben, werden von den Hauswichteln und Postwichteln entgegengenommen. Sobald ein Wunsch dann den Nordpol erreicht, steht er automatisch in diesem Buch.“

„Und warum will Bloke das Buch dann haben?“

Tinsel wiegte den Kopf hin und her. „Ich bin mir nicht sicher. Es gibt eine Legende, nach der derjenige, der das Buch der Wünsche besitzt, den Platz des Weihnachtsmannes einnimmt. Aber ...“ Tinsel schüttelte den Kopf, „... das ist eigentlich nur eine dumme Gruselgeschichte, die man den Wichtelkindern in dunklen Gewitternächten erzählt.“

„Was aber, wenn es nicht nur eine Geschichte ist?“, fragte Silas.

„Dann wird es vermutlich noch nicht vorbei sein.“

Tinsel gab wieder Gas und zu dritt flogen sie mit dem Moped durch die Nacht. Tief unter ihnen jagten dunkle Nachtlandschaften dahin. Städte und Dörfer erinnerten an ferne Ansammlungen von Lichtpunkten. Flüsse durchzogen den dunklen Boden wie silbern glänzende

Bänder, die sich schließlich zu einer großen, unruhig glitzernden Fläche ausbreiteten. Finn und Silas erkannten die Nordsee, die nahtlos in das Nordmeer überging. Immer weiter ging die Reise nach Norden und je weiter sie sich dem Nordpol näherten, desto kälter wurde es, sodass die drei immer enger zusammenrückten.

Irgendwann drosselte Tinsel die Geschwindigkeit. Silas sah, wie sie einen Hebel betätigte, und augenblicklich wurde es dunkler. Als sich die Jungs umdrehten, sahen sie, dass der goldene Lichtstreif hinter ihnen erloschen war.

„Wir sind bald da, Jungs. Festhalten!“ Tinsel ging in einen Sturzflug über. Doch sie steuerte nicht die Ansammlung bunt erleuchteter Häuser vor ihnen an, sondern lenkte im letzten Moment nach links hinter einen Hügel. Lautlos landeten sie und krochen den schneebedeckten Hügel hinauf. Bäuchlings lagen sie im Schnee und sahen zu dem großen Haupthaus, das an beiden Seiten von mehreren Nebenhäusern gesäumt wurde. Mitten auf dem hell erleuchteten Vorplatz lag ein Moped im Schnee. Von dem Fahrer fehlte jedoch jede Spur.

„Er ist vor uns hier angekommen?“ Silas hob eine Braue. „Wir hatten ihn doch abgehängt.“

„Vermutlich hat er die Ostroute benutzt“, mutmaßte Tinsel.

„Aber wo ist er jetzt?“, fragte Finn. Sie suchten die Gegend nach Bloke ab. Finn und Silas fiel es auf die Entfernung jedoch schwer, die Wichtelinnen und Wichtel richtig zu erkennen. Doch auch Tinsel schien ihn nicht entdecken zu können.

„Egal, wir müssen zum Weihnachtsmann. Er braucht sein Buch."

„Meinst du, Bloke hat Verbündete? Dass auch noch andere das Buch haben wollen?", fragte Finn mit gedämpfter Stimme.

„Ich weiß es nicht", gab Tinsel leise zu. „Ich kann es mir eigentlich nicht vorstellen ... Andererseits hätte ich auch nie gedacht, dass jemand am Schlitten des Weihnachtsmannes herumpfuscht."

Finn und Silas machten große Augen. „Jemand hat den Schlitten sabotiert?!"

„Ja", Tinsel seufzte und schüttelte traurig den Kopf. „Ich hatte den Schlitten eigenhändig überprüft, bevor der Weihnachtsmann startete. Unterwegs ist er dann fast abgestürzt. Dabei hat er auch das Buch verloren. Später habe ich dann entdeckt, dass jemand den Hauptstecker des Stabilisationskompressors gelockert hatte. Zum Glück sprang rechtzeitig die Sicherheitsüberbrückung an." Damit hatten die Jungs nicht gerechnet.

„Gut, also ... irgendwo dort unten ist ein Wichtel, der das Buch der Wünsche an sich reißen will", begann Finn zusammenzufassen. „Wir wissen nicht, ob er Verbündete hat."

„Stimmt", bestätigte Tinsel.

„Dann dürfen wir ab jetzt niemandem mehr trauen. Wir dürfen nicht riskieren, dass das Buch in die falschen Hände fällt."

„In Ordnung", stimmte Silas zu. „Gibt es eine Möglichkeit, heimlich in das Haupthaus zu kommen?"

Tinsel überlegte. „Nein. Wir müssen die Eingangspforte benutzen, einen anderen Eingang gibt es nicht.

Aber so kurz vor Weihnachten sind alle sehr beschäftigt. Es dürfte kein Problem sein, ungesehen bis in die große Halle zu kommen. Normalerweise ist der Weihnachtsmann um diese Uhrzeit immer dort."

„Na, dann los!" Tinsel, Finn und Silas rutschten den Hügel hinunter und wateten dann mühsam durch hohen Schnee in einem weiten Bogen um das Areal herum. Tinsel ging voran, dicht gefolgt von den beiden Jungs, die sich beim Tragen des Buches abwechselten. Obgleich überall geschäftige Wichtelinnen und Wichtel umherliefen, die einer weihnachtlichen Tätigkeit nachgingen – einige striegelten Rentiere, andere wuschen den Schlitten oder trugen riesige Postsäcke umher –, gelang es ihnen, ungesehen bis zum Haupthaus des Nordpols vorzudringen. Schnell schlüpften sie durch die große Eingangspforte. Hier drin ging es noch geschäftiger zu als draußen auf dem Vorplatz: Kleine und große Kisten wurden von einem Raum zum anderen getragen. Unzählige bunte Geschenke türmten sich in jeder Ecke des Hauses. Der Geruch von Vanille- und Zimtplätzchen hing in der Luft. Silas lief das Wasser im Mund zusammen. Doch sie hatten keine Zeit, um über Essen oder Geschenke nachzudenken.

„Der Weihnachtsmann ist bestimmt in der großen Halle", flüsterte Tinsel. „Dort können wir ihm das Buch geben."

Sie liefen einige hell erleuchtete Gänge entlang, deren Wände mit Lametta und allerlei Weihnachtsschmuck aus aller Welt behängt waren, versteckten sich immer wieder hinter hohen Schränken oder hinter Türen und kamen so schließlich an eine große, schwere

Holztür. Sie klopften. Doch als niemand darauf reagierte, öffneten sie die Tür und traten ein. Die Halle war riesig. Inmitten des Raumes stand eine große, liebevoll gepflegte und mit Tannengrün dekorierte Tafel, die Platz für alle Wichtelinnen und Wichtel des Nordpols bot. In einer Ecke thronte ein mächtiger Weihnachtsbaum, der mit zahllosen Lichtern, Weihnachtskugeln und Zuckerstangen behangen war. Auf der anderen Seite hingen in großen, schweren Rahmen unterschiedliche Fotos von allen, die hier am Nordpol lebten und arbeiteten. Nur vom Weihnachtsmann selbst fehlte jede Spur.

„Und was machen wir jetzt?", fragte Silas.

In dem Moment wurde hinter ihnen die Tür aufgestoßen und herein kam ein großer, alter Mann mit weißem Vollbart, roter Kleidung und Zipfelmütze. Erleichterung machte sich breit, als sie den Weihnachtsmann erkannten. Tinsel und die Jungs traten gerade einen Schritt vor, um das Buch zu überreichen, als sich Bloke am Weihnachtsmann vorbeizwängte und auf die drei zeigte.

„Siehst du? Sie haben das Buch!", blaffte Bloke. „Ich habe es doch gesagt!"

Völlig verdattert blieben die drei stehen. Reflexartig schlang Finn die Arme fester um das Buch.

Silas ergriff das Wort: „Wir wollen das Buch..."

„Du gibst es also zu!", ereiferte sich Bloke. „Ihr wollt das Buch haben, um den Platz des Weihnachtsmannes einzunehmen!"

„Wa...?"

„Nein!", unterbrach Finn seinen Freund. „Wir sind hierhergekommen, um das Buch seinem rechtmäßigen Besitzer zurückzubringen!"

Bloke lachte kalt. „Ach, was du nicht sagst! Dann hättet ihr das Buch ja auch einfach MIR geben können! Schließlich bin ich so schnell wie möglich in den Taunus geflogen, als ich hörte, dass das Buch dort ist!“

„Als ob wir DIR das Buch jemals gegeben hätten!“, platzte es aus Silas heraus.

„Siehst du?“, wandte sich Bloke an den Weihnachtsmann. „Ich habe es ja gesagt: Sie wollten das Buch behalten!“

„Wir wollten es nur nicht DIR geben, Bloke!“, mischte sich nun auch Tinsel ein.

Bloke schüttelte traurig den Kopf. „Sie steckt mit ihnen unter einer Decke.“

„Ich stecke mit niemandem unter einer Decke!“

„Ach nein?“, Bloke hob beide Brauen in die Höhe und verschränkte siegessicher die Arme hinter dem Rücken. „Warst du es nicht, die die beiden Menschenkinder hierhergebracht hat?“

„Das habe ich“, bestätigte Tinsel. „Aber ...“

„Die Meister-Mechanikerwichtelin höchstpersönlich bringt zwei Menschenkinder hierher, die das Buch der Wünsche rein zufällig inmitten eines riesigen Waldes gefunden haben?“, bohrte Bloke weiter.

Finn und Silas nickten, Tinsel sah von einem zum anderen. „Ja, aber ...“

„Das Buch, das herunterfiel, als der Schlitten rein zufällig mitten im Nirgendwo ein technisches Problem hatte?“

„Und warum hatte der Schlitten ein technisches Problem?“, blaffte nun Silas zurück.

Bloke richtete sich auf und sah zufrieden aus. Mit einem bedeutungsschweren Nicken wandte er sich an Tinsel: „Genau Tinsel, warum hatte der Schlitten denn ein technisches Problem?"

Tinsel ballte eine Hand zur Faust. Ihre Stimme klang gepresst. „Weil ihn jemand sabotiert hat."

„Sabotage?", Bloke hob erschrocken seine Hand vor den Mund. „Aber wie kann das sein? Ich dachte, der Schlitten sei direkt vor dem Flug gewartet worden?"

Die Fingerknöchel an Tinsels Hand traten weiß hervor. „Das wurde er auch!"

„Und von wem? Hm?", säuselte Bloke und grinste, als Tinsel vor Wut schnaubte.

„Von mir!"

Bloke klatschte triumphierend in die Hände. „Da hast du es, Weihnachtsmann! Wie ich es dir gesagt habe!"

Finn stand mit offenem Mund da und wusste nicht, was er sagen sollte. Er sah von einem Wichtel zum anderen. Er spürte das Gewicht des Buches, das er noch immer fest an sich gedrückt hielt. Als der Weihnachtsmann sich räusperte, sah er zu ihm.

„Nun", begann der Weihnachtsmann, dessen trauriger Blick zwischen Bloke und Tinsel wechselte und dann auf der Wichtelin hängen blieb. „Das sind sehr schwerwiegende Anschuldigungen, die du da erhebst, Bloke", begann er mit tiefer Stimme zu sprechen. „Du sagst, jemand habe den Schlitten sabotiert, Tinsel?"

Sie nickte. „So ist es. Jemand hat den Hauptstecker des Stabilisationskompressors gelockert."

„Hast du jemanden am Schlitten gesehen?"

„Nein“, gab Tinsel niedergeschlagen zu. „Ich habe niemanden gesehen.“ Dann hob sie ihren Blick und funkelte Bloke wütend an. „Aber ich bin mir sicher, dass Bloke da seine Finger im Spiel hat!“

Der Weihnachtsmann hob die Brauen. „Und wieso bist du dir da so sicher?“

„Er ist vorhin einfach so in Windeseile losgeflogen, ohne eine Flugerlaubnis einzuholen! Ich habe ihn versucht aufzuhalten, aber er hörte nicht auf mich. Und im Taunus hat er die Jungs bedrängt. Er wollte ihnen das Buch einfach abnehmen!“

„Um es hierherzubringen!“, blaffte Bloke dazwischen. „Das Buch hat in den Fingern eines Menschen nichts zu suchen! Es gehört dem Weihnachtsmann!“

„Und genau deshalb wollten wir es dir ja nicht geben!“, schnaufte Silas. „Wir wollten es ihm persönlich übergeben!“

„Außerdem“, mischte sich nun auch Finn ein, „hast du selbst zugegeben, an dem Schlitten herumgepfuscht zu haben!“

„Das ist eine Lüge!“, fauchte Bloke. „Ihr habt das Buch gefunden und wolltet es für euch behalten!“

„Es reicht!“, grollte die Stimme des Weihnachtsmannes durch den Raum. Dann seufzte er tief. „Ich bedaure zutiefst, dass es soweit kommen musste.“ Er sah wieder zwischen Bloke und Tinsel hin und her. „Da ich nicht sicher sagen kann, wer von euch die Wahrheit sagt, werde ich nun nicht nur über einen von euch, sondern über euch beide entscheiden müssen.“

Tinsel traten Tränen in die Augen. Bloke schnaufte wütend, doch er schwieg.

„Ich werde euch morgen früh über meine Entscheidung in Kenntnis setzen. Bis dahin seid ihr von euren Ämtern enthoben. Gebt mir eure Embleme."

Finn sah fassungslos, wie Bloke wutentbrannt sein Emblem abriss und es dem Weihnachtsmann entgegenwarf. Tinsel hingegen legte eine Hand auf den Aufnäher in Schwarz und Dunkelblau, der überkreuzt Ratsche und Schraubenschlüssel zeigte. Tränen rollten ihre Wange herunter. Das konnte, nein, das durfte gerade nicht geschehen. Mit einem Schritt war er direkt neben Silas.

„Wir müssen etwas tun!", flüsterte er Silas zu.

„Ich weiß! Aber was?"

„Keine Ahnung ..." Silas biss sich auf die Lippe und sah sich um. „Irgendwie müssen wir dem Weihnachtsmann klarmachen, dass wir ihm das Buch von Anfang an geben wollten."

„Wenn wir doch nur diesen verdammten Brief hätten!", seufzte Finn frustriert und schüttelte den Kopf.

In dem Moment riss Silas die Augen auf. „Der Brief! Aber klar!", rief er laut und wandte sich dann um. „Weihnachtsmann, Tinsel, wartet!"

Beide hoben ihre Köpfe und sahen fragend zu Silas, der nun breit grinste. Und auch Bloke hatte seine Aufmerksamkeit dem Jungen zugewandt. Aus zusammengekniffenen Augen funkelte er ihn an.

„Ich denke, wir können beweisen, dass Tinsel die Wahrheit sagt!", verkündete Silas. Mit einem Lächeln nahm er Finn das Buch ab und brachte es dem Weihnachtsmann, der ihn abwartend betrachtete.

„Finn und ich wollten dir das Buch die ganze Zeit zurückbringen. Wir hatten nie vor, es gegen dich einzusetzen."

„Das sagt ihr doch nur so!", rief Bloke dazwischen. „Ihr wollt doch nur..."

„Ich kann es beweisen!", behauptete Silas und tippte mit dem Finger auf das Buch. „Ist es nicht so, dass Wünsche, die an den Weihnachtsmann geschickt werden, im Buch der Wünsche niedergeschrieben werden?"

„So ist es", bestätigte der Weihnachtsmann.

„Gut. Dann schau doch bitte mal, ob es einen Eintrag zu mir gibt."

Bloke riss die Augen auf und wollte etwas einwerfen. Doch ein Blick des Weihnachtsmannes genügte und er verstummte. Mit einem zarten Klingeln öffnete der Weihnachtsmann das Buch und blätterte eine Weile darin. Schließlich überflogen seine alten Augen die Eintragungen der Seite, ehe sich beide Mundwinkel sanft hoben. Dann klappte er das Buch schwungvoll zu.

„Tinsel, ich bin froh, dass ich mich nicht in dir getäuscht habe. Du behältst natürlich deinen Posten. Bitte sorg dafür, dass mein Schlitten wieder einwandfrei funktioniert. Schließlich ist bald Weihnachten und wir müssen ein paar Geschenke ausliefern."

Tinsel quietschte vor Erleichterung und fiel Finn und Silas um den Hals. Dann eilte sie hinaus. „Schon unterwegs!"

Der Weihnachtsmann schmunzelte, ehe er sich mit strenger Miene Bloke zuwandte. „Bloke, jeder hier kannte meine Anweisung, sofort Bescheid zu sagen, wenn etwas zu dem Buch bekannt werden würde. Warum bist du nicht zu mir gekommen, als du den Brief bekommen hast?“

Bloke schnaufte vor Wut, als es einfach aus ihm herausplatzte: „Weil ich es leid bin! Ich leiste hervorragende Arbeit und was ist der Dank dafür? Ich sitze in diesem Postamt fest, dabei könnte ich deinen Job viel besser erledigen, als du es jemals getan hast!“

Betrübt nickte der Weihnachtsmann, als er endlich verstand. „Bloke, hiermit verlierst du deine Anstellung im Weihnachts-Postamt. Du kannst dich gern auf einen neuen Posten bewerben, allerdings erst nach Weihnachten. Bis dahin bist du freigestellt.“

Bloke trat wutentbrannt gegen einen Stuhl, der dabei klappernd zu Boden fiel und verließ dann schnaubend den Raum.

„Du lässt ihn weiter für dich arbeiten?“, fragte Finn erstaunt, als Bloke gegangen war.

„Jeder hat eine zweite Chance verdient“, erklärte der Weihnachtsmann und klatschte dann in die Hände. „Aber jetzt bringen wir euch erst einmal nach Hause. Schließlich ist übermorgen Weihnachten und ihr wollt doch pünktlich zu Hause sein, habe ich recht?“

Gestärkt mit duftenden Zimtplätzchen und heißer Schokolade mit Marshmallows ging es nur kurze Zeit später im frisch gewarteten und blankgeputzten Schlitten wieder gen Süden. An den Rentierzügeln saß der Weihnachtsmann höchstpersönlich. Tinsel leistete Finn und Silas im hinteren Teil des Schlittens Gesellschaft, in dem normalerweise die Geschenke in großen Säcken zu den Menschenkindern auf der ganzen Welt transportiert wurden.

So flogen die vier durch die Nacht. Sie verließen die weite Schneeebene des Nordpols, erreichten nach einem kurzen Abstecher über das Nordpolarmeer Skandinavien und folgten den zahllosen Fjorden Norwegens, bis sie nach Dänemark schließlich auch Deutschland erreichten. Nun dauerte es nicht mehr lange, bis sie über dem Kleinen Feldberg eine Kurve in östlicher Richtung flogen und Steinbach ansteuerten. Dann endlich hatten sie Finns Haus erreicht und der Weihnachtsmann hielt direkt neben dem Dachfirst auf Höhe des Schornsteins an. Herzlich verabschiedeten sie sich vom Weihnachtsmann und drückten Tinsel noch einmal fest. Dann kletterten sie auf den Rand des Schornsteins und rutschten durch den Kamin ins Wohnzimmer, wo sie mit viel Gepolter und ein wenig Ruß auf dem Teppich landeten.

In dem Moment steckte Finns Vater seinen Kopf ins Wohnzimmer: „Finn? Silas? Seid ihr zu Hause?“ Ein wenig irritiert sah er zu den Rußflecken in den Gesichtern der Jungen. „Ich habe euch gar nicht reinkommen hören.“

„Ach, wir sind eben erst angekommen“, erklärte Silas und Finn grinste.

Danke

Auch wir Autoren haben die Auswirkungen von Corona deutlich zu spüren bekommen. Auf einmal gab es keine Lesungen oder Buchmessen mehr und zu manchen Zeiten nicht mal geöffnete Buchläden. Eine starke Belastungsprobe für uns. Ich denke, ohne Corona hätte es dieses Buch so nicht gegeben und es zeigt, dass man gut daran tat und tut, gewonnene Zeit zu nutzen.

Als ich Anfang des Jahres in einem Zoom-Call unserer Gruppe Taunus des Bundesverbandes der jungen Autorinnen und Autoren e. V. vorschlug, gemeinsam einen Kurzgeschichtenband zum Thema Weihnachten als BVjA-Edition herauszubringen, waren viele Mitglieder sofort Feuer und Flamme. Schon im Februar begannen die Autorinnen, Weihnachtsgeschichten zu schreiben, was sich manchmal ein wenig seltsam anfühlte, auch für mich. Letztendlich sind von acht Autorinnen die 14 Geschichten entstanden, die Sie gelesen haben. Klar war auch, dass die Einnahmen zu 100% gespendet werden sollen und wir fanden mit dem Verein Deutsche Waldjugend Kelkheim e. V. genau den richtigen Partner, denn was uns Autoren alle gemeinsam miteinander verbindet ist der Taunus, in dem wir leben.

Für das Vorwort und die Leseempfehlung bedanken wir uns bei Nele Neuhaus, der bekanntesten Taunus-Autorin. Vielen Dank an das Team von Violas Bücherwurm aus Kelkheim für die Unterstützung. Ebenso bedanke ich mich auch im Namen aller Autoren bei unserem Lektor Hubert Quirbach, unserer Coverdesignerin Christine

Hofmann und für den Buchsatz bei Verena Katgeli vom Tuschel-Verlag. Jochen Haupt Foto- und Filmdesign hat für die einheitliche Fotokulisse gesorgt. Alle haben kostenfrei ihre Arbeitsleistung zur Verfügung gestellt.

Und nun wünschen wir Ihnen fröhliche Weihnachten, ob im Taunus oder an einem anderen schönen Platz auf dieser Welt!

Brina Stein
(für den Bundesverband der jungen Autorinnen und Autoren e. V.)

Autorenvorstellungen

Autorin Connie Albers

Connie Albers wurde in Frankfurt am Main/Höchst geboren und wuchs im Taunusstädtchen Kelkheim auf. Einige Jahre lebte sie im Hochtaunus, bevor sie wieder nach Kelkheim zurückkehrte. Dort lebt sie auch heute noch mit ihrem Ehepartner. Sie hat einen Sohn, eine Tochter und mittlerweile auch Enkelkinder.

Nach einem Lyrikkurs widmete sie sich dem Schreiben von lyrischen Texten, von denen einige in einer Anthologie und in vier Bänden der *Deutschen Gedichtebibliothek* veröffentlicht wurden.

In der Malerei findet sie ihre weitere Berufung. Neben anderen Motiven malt sie seit vielen Jahren Engel. Die Botschaften ihrer *Himmlischen Begleiter* sind Mut machend, inspirierend und wohltuend. Im Jahr 2017 entstand das Buch *Umarmt von deinem Engel – Impulse für ein farbiges Leben.*

Das Jahr 2020 mit seiner speziellen Problematik war Anlass zu der Veröffentlichung des Buchs *Der Schatz liegt in dir*, ein Selbsthilfeprogramm zum Umgang mit Krisen. Ebenfalls in diesem Jahr erschien ihr Kinderbuch *Jöpe mit dem Himmelslicht,* das auch große Menschen verzaubert.

Daneben ist Connie Albers Kunsttherapeutin und psychologische Beraterin, und sie gibt Kurse in *Intuitivem Malen*. Im Sommer verwandelt sie ihren Garten in eine Maloase. Viele Menschen haben bei ihren *Sonntags-Ma(h)l-Zeiten* bereits die Freude am Malen neu entdeckt.

Mehr auf:
www.connie-albers.de
www.facebook.com/connie.albers.1

Autorin Nicole Decher

Nicole Decher, geboren in Berlin, ist nach vielen Wohnungswechseln, unter anderem auch in den USA, seit 2011 in Eppstein sesshaft geworden. Sie lebt dort mit ihrer Tochter, einem Hund und sieben Hennen.

Seit 20 Jahren schreibt sie ihre erlebten, aber auch fiktive Ereignisse in Stichpunkten in ihr lilafarbenes Notizbuch, stets mit der Idee verbunden, daraus ein Buchprojekt entstehen zu lassen. Nun ist dieses Vorhaben in Arbeit, dazu arbeitet die Autorin auch an einer passenden Stand-up-Comedy. Erfahrungen in diesem Metier sammelte die Autorin in zahlreichen Schulungen, unter anderem bei der Clownschule in Hofheim-Lorsbach, sowie auch bei privaten Auftritten, bei denen sie ihre Erlebnisse voller Leidenschaft vorträgt. Des Weiteren hat sie bei verschiedenen Formaten im TV als Kleindarstellerin agiert. Um ihr Programm zu vervollständigen, nimmt sie derzeit Gesangsunterricht.

Mehr auf:
www.daschaoshateinennamen.de
www.facebook.com/ngreifenstein

Autorin Birgit Gröger

Birgit Gröger wuchs in Wipfeld, einem idyllischen Weinort in Mainfranken auf. In Würzburg und Nürnberg studierte sie Germanistik, Religionspädagogik, Erziehungswissenschaften und Lehramt für Grundschulen. Sie arbeitete als Lehrerin in Bayern und Hessen und entwickelte mit LeKoWa® eine eigene Therapie für Lern-, Konzentrations- und Wahrnehmungsstörungen.

Seit 1993 lebt die zweifache Mutter in Kelkheim im Taunus.

Sie veröffentlichte bisher Gedichte, Essays und Kurzgeschichten für Kinder, Jugendliche und Erwachsene und ist Mitglied im Redaktionsteam der Bildungshomepage der Stadt Kelkheim www.kelkheim-entdecken.de. Hier schreibt sie unter anderem über die Familie von Gagern oder den Schinderhannes.

Nach einer Ausbildung zur Hörbuchsprecherin veröffentlichte sie 2010 ihr erstes Hörbuch *Geschichten zum Träumen und Mut machen*.

2012 erschien ihr erstes Buch im Verlag Herder: *Ab heute bin ich stark – Vorlesegeschichten, die selbstbewusst machen*.

Mittlerweile gibt es fünf weitere Bücher und 4 Hörbücher von ihr. Bekannt ist unter anderem *Alima, das Mädchen aus Aleppo, Hannes und Opa philosophieren* o-der *Ich bin doch gar nicht müde* mit Illustrationen von Grundschulkindern. Ihr aktuelles Buch erschien 2021 im Verlag Butzon & Bercker mit dem Titel *Wohnt der liebe Gott im Himmel? – Was Kinder fragen.*

Birgit Gröger engagiert sich für die Leseförderung und möchte bei ihren zahlreichen Lesungen Kindern den Zauber des Zuhörens und die Faszination des Lesens nahebringen. (Anfragen für Lesungen bitte unter der E-Mail: autorin@birgit-groeger.de.)

Alle ihre Geschichten für Kinder finden sich auch bei ANTOLIN, dem schulischen Leseförderportal.

Kinder stark machen sowie Generationen und Kulturen zu verbinden ist ihr ein Herzensanliegen.

Mehr auf:
www.lekowa.de
www.facebook.com/birgitgroeger.autorin

Autorin L.T. Hoffmann

Lena Hoffmann wurde in Gießen geboren und ist in einem Dorf in der Nähe der Stadt aufgewachsen. An der Justus-Liebig-Universität Gießen studierte sie Lehramt an Förderschulen und machte ihren Bachelor of Arts (B. A.). Die Autorin, die unter dem Namen L.T. Hoffmann schreibt, lebt heute mit ihrer Familie in ihrer Wahlheimat Eschborn, am östlichen Rand des Taunus. Die gebürtige Mittelhessin arbeitet als Lehrerin an einer südhessischen Schule.

Mit dem Jugenddrama *fabian. in memoriam – Eine Erzählung über selbstverletzendes Verhalten* feierte die Autorin 2014 ihr Debüt. Seit der Geburt ihrer beiden Kinder schlägt Hoffmanns Herz für Kinderliteratur. 2020 veröffentlichte sie ihr erstes Kinderbuch unter dem Titel *Wie die Eisbären zum Südpol kamen*.

Mehr auf:
www.lenahoffmann.com
www.facebook.com/Autorin.L.T.Hoffmann

Autorin Iris Otto

Iris Otto ist in einem kleinen Ort in Niedersachsen aufgewachsen und kam mit einem Umweg über Bayern 1992 in den Main-Taunus-Kreis. Nach einer mehrjährigen Phase als Familienmanagerin bildete sich die gelernte Reiseverkehrskauffrau zur Schriftstellerin weiter. Ihre Krimiserie mit Hauptkommissar Beinert und der fidelen Rentnerin Rosalie umfasst mittlerweile drei Bände.

Unter den Titeln:

MORD kommt vor dem FALL
RAUB von Silber, MORD für Gold und
Ist der RUF ruiniert, folgt der MORD garantiert

hält das Verbrechen Einzug in Ebbelheim im Taunus. Eine Mischung aus Spannung und Humor zeichnet die Bücher aus.

Außerdem veröffentlicht die Autorin Kurzgeschichten und Kurzkrimis in Anthologien und Zeitungsmagazinen.

Mehr unter:
www.irisotto.de
www.facebook.com/profile.php?id=100012133814089

Autorin Brina Stein

Sabrina Reulecke schreibt unter dem Pseudonym Brina Stein. Sie wurde in Berlin geboren, ist in Lübeck aufgewachsen und lebt heute mit ihrem Mann im Taunus. Vor über neunzehn Jahren hat sie die Kreuzfahrt für sich entdeckt.

Auf weit über 50 Kreuzfahrten war sie fasziniert von den Möglichkeiten, in einem Urlaub verschiedene Länder zu entdecken und begann, das Reisen mit dem Schreiben zu verbinden. Ihre Reiseerlebnisse wurden so zur Vorlage ihrer meist fiktiven Kreuzfahrtgeschichten. Seit ihrem Debüt im Jahre 2012 hat sie insgesamt sechs Bücher der Wellengeflüster-Buchreihe in Verlagen veröffentlicht. Außerdem erschien im Würzburger Verlagshaus Stürtz ein Bildband zu ihrer Kreuzfahrt um die Welt. Eine maritime Anthologie als Herausgeberin mit neun anderen Autoren und der Ratgeber *„Echte Kreuzfahrterlebnisse"* runden ihre Veröffentlichungen ab.

Mit dem Krimi *„Mord im Schatten des Turms"* begab sich die Autorin 2020 in ein für sie neues Genre, den Regionalkrimi. Aufgrund seines großen Erfolges wird in 2022 eine Fortsetzung erscheinen. Zunächst kehrte die Autorin in 2021 jedoch zurück zu ihrem ersten Genre, dem Kreuzfahrtroman. *Kreuzfahrt mit Papa* heißt ihr aktuelles Buch, ein Liebesroman, der an den schönsten Destinationen der Adria spielt.

Mehr auf:
www.brina-stein.de
www.facebook.com/brina.stein.5

Autorin Sonja von Saldern

Sonja von Saldern wurde in Ehingen/Donau geboren. Aufgewachsen ist sie in einem kleinen Dorf mit 112 Einwohnern zwischen Ulm und Biberach. Sie hat eine erwachsene Tochter.

Nach ihrem Abitur 1986 in Ulm/Donau arbeitete sie am Ulmer Theater als Regie- und Dramaturgie-Assistentin. Dabei wuchs ihre Liebe zur Sprache und zur Literatur. Angeregt durch diese Tätigkeit studierte sie anschließend Theater- und Medienwissenschaften, Amerikanistik und Anglistik an der Goethe-Universität in Frankfurt. 1994 schrieb sie ihre Magisterarbeit in dem unterschätzten Genre *Kriminalroman*. Gegenstand der Arbeit war der australische Krimiautor Arthur W. Upfield. Das Thema beschäftigte sich damit, ob durch einen Kriminalroman die Vermittlung einer fremden Kultur gelingen kann.

Als Literaturwissenschaftlerin veranstaltet Sonja von Saldern im Rahmen ihrer Arbeit bei der Stadt Eppstein Märchenführungen auf der Burg für Kinder. Ihre Textarbeit umfasst Kurzgeschichten, Märchen, Reportagen, Berichte, Reden und aus einer Kurzgeschichte ist jetzt auch ihr erstes Buch, ein humoristischer Roman mit zwei Helden im Seniorenalter, entstanden.

Mehr auf:
www.sonja-von-saldern.de
www.facebook.com/sonja.vonsaldern

Autorin Ina Wagemann

Die Autorin wurde in Frankfurt am Main geboren und lebt schon fast ihr ganzes Leben lang in Liederbach im Taunus. Bereits in ihrer Kindheit hat Ina Wagemann gerne geschrieben. Nach dem Abitur und ihrer Ausbildung zur Versicherungskauffrau schloss sie ein betriebswirtschaftliches Studium ab. Neben ihren beruflichen Aufgaben entstanden im Laufe der Jahre bisher vier Cosy-Crime-Romane, die ihre LeserInnen in spannende und romantische Kurzurlaube entführen. Ihr Markenzeichen sind eindrucksvolle Beschreibungen von Land und Leuten, die das Fernweh wecken. Ihren Urlaub verbringt sie mit ihrem Mann und ihrer Appenzeller Sennenhündin Bernina am liebsten in den Tiroler Bergen oder in der Provence, den Orten, wo auch ihre Romane hauptsächlich spielen.

Mehr auf:
www.florett-verlag.de
www.facebook.com/wagemannina